智慧课堂

——初中优秀主题班会课例

陈汉城　陈艳红　卢艳红◎主编

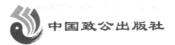

中国致公出版社

图书在版编目（CIP）数据

智慧课堂：初中优秀主题班会课例 / 陈汉城，陈艳红，卢艳红主编. -- 北京：中国致公出版社, 2020
ISBN 978-7-5145-1710-1

Ⅰ. ①智… Ⅱ. ①陈… ②陈… ③卢… Ⅲ. ①班会－教案（教育）—初中 Ⅳ. ①G635.5

中国版本图书馆CIP数据核字（2020）第190833号

智慧课堂：初中优秀主题班会课例 / 陈汉城　陈艳红　卢艳红　主编

出　　版	中国致公出版社 （北京市朝阳区八里庄西里 100 号住邦 2000 大厦 1 号楼西区 21 层）
出　　品	北京言之凿文化发展有限公司 （北京市昌平区超前路 35 号）
发　　行	中国致公出版社（010-66121708）
作品企划	三名书系
责任编辑	丁琪德　许子楷
封面设计	言之凿
内文设计	李　娜
印　　刷	北京政采印刷服务有限公司
版　　次	2022年6月第1版
印　　次	2022年6月第1次印刷
开　　本	787mm × 1092mm　1/16
印　　张	14.75
字　　数	229千字
书　　号	ISBN 978-7-5145-1710-1
定　　价	45.00元

编 委 会

主　编：陈汉城　陈艳红　卢艳红

副主编：郭　帅　吴兴兵　张　立

编　委：李齐玲　赵英屏　王译堃　甄如军　张　巍
王　硕　刘志坪　廖　乐　郑少燕　李　婧
颜芳吟　陈继军　李琼瑶　范　葳

目录

CONTENTS

上篇　GLOBE德育课程基础理论 \ 1

中篇　GLOBE德育课程课例 \ 17

上篇

GLOBE德育课程基础理论

如何设计GLOBE德育课程

深圳市高级中学　陈艳红

我是GLOBE教育的实践者，是黄校长与陈校长直接指导的受益者。我的每一个GLOBE课程设计，从题目到设计稿到教学过程，都是在陈校长的亲自指导下进行的。我的德育课程文案的撰写是黄校长一字一句教给我的，再由我教给大家，形成目前的GLOBE主题班会教案模板。今天，我就自己在GLOBE教育实践过程中的感受，谈谈我的想法。

GLOBE教育聚焦教育理念更新，明确提出了“价值引领思想，视野点亮智慧”的核心理念，以引导学生拥有“独立之精神、自由之思想”和“开放之视野、包容之胸襟”，“形成价值共识，凝神聚气，修身养性，热爱智慧，洞察自然、社会与人生，做一个有思想、有追求、有智慧、有能力的人”。GLOBE教育是一种全新的教育视域。它体现了一种教育理想与激情，一份教育自觉与自信，一份教育责任与担当——敢于为基础教育深化改革创新发声，开启一场剑指未来的教育革命，逐鹿未来人才培养的新高地以及新境界。在这样一个新理念、新思维、新的教育模式下，作为班主任，该如何设计GLOBE德育课程的班会呢？

一、初浅地认识GLOBE教育

GLOBE是什么？不是三言两语能解释清楚的，需要认真地研究文献、扎实地实践才能理解和体会。GLOBE教育有公民基本素养、开放视野、领袖情怀、全球公民身份等教育内容，最终的目的是培养未来公民。

公民基本素养：广义上讲，是指公民在政治、经济、社会、文化、科技等方面具备的素养；在社会学层面是指社会发展对公民的要求。

开放视野：以个体间的交往为基本形式，使学生由“单个封闭”走向“民族世界”，同时以自身的历史视域为基础，不断探索、开发自己的思想、知识和价值领域。

领袖情怀：基于不同潜质学生发展的需要，通过各种活动激活学生的领袖潜能，使其拥有责任担当、引领创新、服务社会等基本情怀，努力成长为引领性的创新型人才。

全球公民身份：使学生在保持国民意识的前提下，适应国际化发展需要；具有国际素养，超越国家与地域，寻求世界与人类整体的认同。

二、确定GLOBE课程板块

确定你要做GLOBE课程哪一板块。我以近两年参加比赛的课例为例来进行分析。我们目前做得比较成熟的是公民基本素养教育。其与学生的生活贴近，师生都很熟悉这一领域，可以结合学生自身的情况和周边的实际进行分析和探讨，培养学生的品德素养、身心素养、学习素养、信息素养、创新素养、审美素养、生活素养、国际素养。

我们目前没有涉及的是“全球公民身份”，涉及比较少的是“领袖情怀”和“开放视野”。这三个板块对学生的能力要求较高，就目前初中学生的认知水平和认知能力来说，学生的认识高度与深度不够，很难深入、精彩地探讨。

回到实际中，对于我们即将开展的GLOBE课程比赛，班主任可以重点考虑在“公民基本素养”板块深入挖掘。如有不错的课题或者时事热点、社会热议课题，可以放在“开放视野”这一部分。而“领袖情怀”和“全球公民身份”更适合高中学生去分析和探讨。

三、如何选题

设计GLOBE德育课程班会，选题是关键。GLOBE课题与常规班会课题有很大区别，许多课题可以做常规班会课题，但不适合做GLOBE主题班会课题。具体的选题方法可以 概括为：切口小，深挖井，贴近学生、贴近社会、贴近生活。

（1）切口小。只围绕国歌、共享单车、网络语言、中小学校外培训、“深高”人的话题切入。课题小，可以帮助你将讨论的话题精准聚焦，并顺利找到核心问题。如果题目大了，你很难聚焦，也就提炼不出核心问题。所以选题要小，就一件事、一种行为、一种现象、一类热点话题，以它为切入口，深入地挖掘该事件、该行为、该现象、该话题产生的背景、影响，以及应对的方法与措施，运用多学科知识，从不同的维度来分析问题，从而达到解决问题、培养学生社会主义核心价值观的目的。在切口小的基础上，要想课上得精彩有意义，就要选取一些有争论性的问题进行探讨，如“低头一族”的认识问题。对于“低头一族”社会上都是贬义的看法，但是这种认识比较片面，低着头做事，做的是工作、正当的事情，也可以称为“低头一族”，如“键盘侠”。我们要纠正错误的看法，给予一个全面的解释。如果我们能选取这样一些有争议、不随波逐流的话题来开课，我们的课堂将会非常精彩；同时，有争议的话题能有效地培养学生的批判性思维，而这正是GLOBE课堂与常规班会最重要的区别之一。

（2）深挖井。举例说明，比如根据“当国歌响起时，你唱响了吗？”这一问题，深入探讨“国歌产生的背景是什么？我们为什么要唱响国歌？我们怎样唱响国歌？”。再升华到“作为中学生，我们要怎样爱国？”，爱国便成了本课聚焦的问题。又如根据“共享单车文明出行”，挖掘“共享单车产生的背景是什么？共享单车的使用给个人与社会带来了哪些影响？共享单车使用过程中，有哪些不文明现象？如何解释这些不文明现象？”，聚焦于共建共享这一问题。再如下根据“‘侠亦有道’：做个文明的‘键盘侠’”，挖掘什么是“键盘侠”，引领学生全面认识“键盘侠”。“键盘侠”对社会产生了怎样的影响？怎样做一个文明的“键盘侠”？文明用语是本课聚焦的核心问题。

（3）贴近学生、贴近社会、贴近生活。找学生身边熟悉的案例，从班主任工作中存在困惑的、难以解决的问题或者解决之后一直没有很好效果的问题入手，交给学生来分析、探讨，由学生找出解决问题的方式方法，以学生来教育学生。比如“国歌响起时，你唱响了吗？”“共享单车文明出行”“探讨中小学校外培训现象”，这些都是学生每日接触的事情，学生有感受、有体会、有观察、有思考，自然就会产生自己的见解。而且这些见解一定会有不同，有不同就会有争议，有争议就有批判性思维，有了批判性思维课堂就有了升华。

四、选题后，如何设计问题

GLOBE教育包含教学研究和教学过程。教学研究包括聚焦问题、核心问题、分解问题，教学过程包括设计问题、解决分解问题、综合应用。

1. 怎样做好教学研究？

聚焦问题是指为达到本课程目的，确定重点要解决什么问题。

"GLOBE教学法"在深高集团教育教学中的应用案例

老师	主题	聚焦问题	核心问题	分解问题
陈艳红	"共享单车文明出行"	共享共建	怎样文明使用共享单车？	1.共享单车产生的背景是什么？ 2.共享单车带来哪些影响？ 3.共享单车使用过程中，出现了哪些不文明现象？如何解决？
郭帅	"侠亦有道：做个文明的'键盘侠'"	文明用语	怎样做一个文明的"键盘侠"？	1."键盘侠"产生的背景是什么？ 2.如何全面看待"键盘侠"？ 3.倡导做一个正义的"键盘侠"？
陈艳红	"探讨中小学校外培训现象"	合理、合法、合规	如何看待中小学校外培训？	1.中小学校外培训是怎样分类的？ 2.你会选择校外培训吗？为什么？ 3.怎样解决校外培训乱象丛生的现象？

从上表中的教学研究案例，可以总结出：

（1）核心问题只有一个。

（2）分解问题不要太多，因为初中教育发展联盟规定一节课只有40分钟的时长，所以分解问题基本在2~3个。

（3）提问用得最多的是"2W1H"（What/Why/How）。

2. 如何设计教学过程

（1）设计一个精美的流程图

流程图是教师实施教学活动的蓝图，其作用在于：①可以直观地显示整个课堂活动中各个要素之间的关系、比重；②教学中的重点和难点部分也可以简洁地呈现出来；③可以较好地反映教师对教学过程设计的逻辑性、层次性等。教学过程流程图浓缩了教学过程，它层次清楚、简明扼要，能使教师一目了然。

（2）教学过程以小组合作探究为主

小组合作探究是同伴间的互助合作活动。通过创设“组间同质、组内异质”的小组形式改变班级教学结构，其目的就在于促进小组成员之间的互助与合作，从而使其达到更高的学习目标。同时小组合作探究也改变了传统班级教学中以学生成绩及评价为中心，以竞争为主的学习交往模式，是强调个人在小组活动中尽己所能，同时又带动小组整体发展的合作学习模式。

小组合作探究强调学生的自主性和独立性：小组合作学习淡化了教师的权威，促使小组成员大胆地将自己的见解通过语言表达出来。小组成员在讨论交流中通过互动式、互助式、讨论式的学习方式进行学习，使语言、思维和胆量得到训练，进而培养自主学习、独立思考的能力，达到主动与别人交往、形成自己独到见解的目的。

小组合作探究使学生在小集体中相互适应，通过适应这个小集体，逐步过渡到适应大集体，从而培养了学生的社会适应性。同时小组合作探究能够为学生创设充分表现自我的氛围，使人人都有自我表现的机会和条件，使学生在小组交流中分享成功的快乐，肯定其主体地位，促进其全面发展。

（3）教学过程中要充分体现GLOBE课堂的特点——开放性

课堂提问是教师根据教学需要，对学生已有知识经验提出问题，唤起学生记忆，引导学生思考，激活学生思维，促进学生思考的师生双向活动，是课堂教学的重要手段之一。课堂问题的类型可以分为两种：封闭性问题和开放性问题。英语课堂实践表明，开放性问题能最大限度地激活学生思维，鼓励学生思考，使其积极参与课堂，促进师生共同成长。

例如，“共享单车文明出行”一课中，教师根据学生提到的“五一期间，深圳海滨公园出现共享单车‘堵车’”的现象，适时提出一个开放性问题：“你认为该如何解决‘车山车海’的问题？”因为问题具有开放性，学生发挥奇思妙想，提出各种方案。有学生提出电子预约，有学生提出制定共享单车的管理制度，有学生提出运用“电子栅栏”技术，科技的手段既能解决共享单车进的问题，也能解决共享单车出的问题。

“同心共筑中国梦”一课中，有学生提到“中国梦的实施主要靠政府的作为”，有学生提到“中国梦的实现主要靠百姓”。于是教师适时提出一个开放性问题：“你认为中国梦的实现主要靠人民的努力还是主要靠政府的努力？”因为问题具有开放性，学生在课堂展开了唇枪舌剑的辩论，从古代到近代再到现代，从人民到政府，从经济到政治到军事再到外交，学生充分运用多学科知识从不同角度大胆进行分析与辩论。学生的思维得到开发，能力得到培养，社会主义核心价值观在潜移默化中得到体现与升华。

（4）教学中，有意识培养学生批判性思维是GLOBE教育的特征之一

古希腊哲学家苏格拉底曾说：“我教不了别人任何东西，我只能促使他们思考。”他说得非常朴实，也非常谦虚。事实上，能“促使他人思考”已经是非常了不起的一件事了，因为人与人之间最本质的区别就在于思想。苏格拉底倾尽一生都在做这件事，甚至不惜为此赴死。可以说，一个人思维能力的强弱在很大程度上取决于一个人批判性思维的强弱。要想培养学生的批判性思维，教师要以身作则——追求真理，剖析偏见，接受批评，保持开放、宽容的精神和理性建设的态度，以平等的身份参加辩论，敢说“我不知道、我可能错了”这样的话，敢于让学生反驳你、反对你，敢于发表自己独到的见解。

GLOBE教育致力于培养未来公民，这更要求教师在课堂培养学生的创新、创造能力，鼓励学生在课堂学习中敢于批判，敢于质疑，敢于向传统和权威挑战，敢于提出与众不同的见解，善于独立思考，勇于理性反思，勇于表达；带着问题意识看待事物，使学生养成一种敢于发表见解、追求真理的思维习惯。

如何撰写GLOBE德育课程教案

——以“共享单车文明出行”为例

深圳市高级中学　陈艳红

GLOBE教育是一种全新视域的教育，深高集团全面铺开践行GLOBE教育理念。本文从GLOBE德育课程班会角度，谈谈自己对GLOBE德育课程文案撰写的初浅想法。

GLOBE德育课程的特点之一：培养学生运用多学科知识分析问题并解决问题的能力。世间的万事万物都有着普遍的联系，而各学科之间更是有着千丝万缕的关联。在GLOBE班会课程里，每一个问题的分析与解决，其内容本身就具有极其广阔的延伸性与拓展性。倘若能够在该课例的教学中将之与其他学科知识并联起来，使心理学、社会学、管理学、教育学、经济学、哲学、伦理学等学科知识形成一个网络，我们便能在主题班会课堂上最大限度地调动学生的积极性，使他们沉浸在各种知识的学习与探究之中。

GLOBE德育课程的特点之二：致力于培养学生的人文素养。素养是一种要求，更是个体发展的一种必然倾向。深圳市提出针对中小学生的八大核心素养——品德素养（坚定理想信念、弘扬传统美德、培养文明行为、传承深圳精神）、身心素养（增强学生体质、促进心理健康、培育健全人格）、学习素养（培养学习兴趣、提升学习能力、养成学习习惯）、创新素养（营造校园文化、创新教育模式、创新人才培养机制）、国际素养（理解多元文化、扩大国际交往、参与国际竞争与合作）、审美素养（提升审美品位、丰富美育形式、营造艺术氛围）、信息素养（推广IT课堂运用、推进网络学习、践行网络文明）、生活素养（学会安全生活、学会自主生活、学会低碳生活）、人文素养的培养必须要渗透德育课程的每一个环节、每一个步骤。

GLOBE德育课程的特点之三：树立和践行社会主义核心价值观。社会主义核心价值观是当代中国精神的集中体现，凝结着全体人民共同的价值追求。在GLOBE德育课程下，要引导学生深入践行社会主义核心价值观，就是要将社会主义核心价值观转化为学生的自我认同和自觉追求。同时要增强学生的文化自觉和文化自信，培养其理性认知能力，真正将社会主义核心价值观落到实处，把社会主义核心价值观转化为学生的情感认同和行为习惯，使其做自觉担当民族复兴大任的时代新人。

GLOBE德育课程的特点之四：培养学生的五种能力——阅读与演讲能力、批判性思考能力、价值判断能力、合作与交往能力、创新与创造能力。批判性思考能力是未来公民必须要具备的高阶能力之一。未来公民不仅要有批判性思考的技能，还要具备批判性思考的精神气质。也就是说，批判性思考旨在培养真正有教养的人，帮助学生建立理智架构、优质思维和学习原则。一个具有批判性思考能力的人应该具有强烈的问题意识，并能在质疑、批判和决策的过程中确定问题、审视事实、分析假设并解决问题。

一、引言部分的撰写

德育课程文案的撰写要像写论文一样，有引言部分，这样整个文案才能有深度、有高度。要将GLOBE教学法的三大关键部分——多学科知识、人文素养、社会主义核心价值观写入文字里。

二、教学研究的撰写

GLOBE德育课程文案包括聚焦问题、核心问题、分解问题。在撰写时，要将本课的多个问题汇聚为一个大的问题，从多学科的角度聚焦问题、提出核心问题并分解。

1. 聚焦问题

聚焦问题要全面，要把多学科问题、思维能力问题、人文素养问题，通过文字的方式表述出来。社会主义核心价值观要作为核心问题来解决。

例："共享单车文明出行"聚焦问题

本节课从多学科角度分析研究共享单车产生的背景、意义以及存在的问题。在聚焦问题时提出核心问题并进行一定的分解。

信息技术时代，互联网技术改变了人们的生活与工作方式，1982年出生的胡玮炜设计了第一辆共享单车，创立了摩拜，之后各种共享单车的品牌如雨后春笋般出现在大街小巷。它们的出现缓解了交通压力，解决了民众出行"最后一公里"的问题，促进了实体经济的发展。但科技手段的运用也挑战了民众的人文素养。共享单车使用过程中出现的许多不文明现象给我们的管理带来了新的思考。我们在倡导使用共享单车绿色出行的同时，该如何用科技思维、科技手段来制约不文明现象呢？尤其是中学生，在使用共享单车过程中该扮演什么样的角色？这是本节课聚焦的重点问题。

2. 核心问题

核心问题指的是将本课程重点要解决的问题、重点要培养的能力、重点要采用的方法，以问题的形式呈现出来。本节课需要解决的最中心、最重要、最核心的问题如下：

（1）认识共享单车。让学生了解共享单车出现的背景，从多学科角度分析共享单车给个人与社会带来的好处。

（2）共享单车使用过程中出现的不文明现象有哪些？有怎样的不良影响？学生从共享单车的调查研究中了解出现的不文明现象。

（3）如何用科技手段解决共享单车使用过程中的不文明现象？此设问的目的是让学生运用多学科知识解决现实生活问题。

（4）作为中学生，你将为维护共享单车做些什么？引领学生从自身做起，爱护公物、文明骑行，做一个有道德、守法的公民，培养学生良好的社会主义核心价值观。

3. 分解问题

要求：简要说明分解的理由是什么，不分解的理由是什么。

（1）核心问题1。认识共享单车。此问题涉及多学科知识及学生的调查研究，为更好地解决问题，分解为以下两个问题：A.为什么会出现共享单车？

B.共享单车给个人与社会带来了哪些好处？

（2）核心问题2。共享单车使用过程中出现的不文明现象有哪些？有怎样的不良影响？此问题清晰明了，无须再分解。

（3）核心问题3。如何用科技手段解决共享单车使用过程中的不文明现象？此问题虽涉及跨学科知识，但思路单一，无须再分解。

（4）核心问题4。作为中学生，你将为维护共享单车做些什么？此问题关乎人文素养及社会主义核心价值观，分解为两个问题：A.你如何看待共享单车？B.你如何倡导文明使用共享单车？

三、教学过程的撰写

要求：将教学过程的两大关键点写成文字——问题引领、合作探究。

1. 解决核心问题的书写流程

（1）采用什么样的方式？

（2）通过哪些问题引领？对学生提出怎样的要求（包括用时多久）？你这样做的目的是什么？

（3）在实施过程中，学生的目标是否达到了（写出具体的内容）？

（4）反馈效果如何？你有何感悟？

2. 原则

一个核心问题接一个核心问题书写，重复以上步骤。

3. 要求

将多学科知识、人文素养、社会主义核心价值观贯穿文字始终。

例：“共享单车文明出行”教学过程的部分撰写

教学过程的设计是GLOBE教学的关键，要能通过问题引领、问题设计、学生合作探究等方式解决核心问题。

（1）设计问题、引出课题（课堂用时1分钟）

前段时间，一张手机截屏图蹿红网络。在这张截图上，24个共享单车的图片霸占了整个手机屏幕。

（设计意图：说明共享单车成了街头热议的话题，其与市民生活息息相关。）

2017年5月13日，深圳四大名校实行自主招生，其中一学校的一道考题是：

你骑过共享单车吗？

（设计意图：共享单车不仅与民众的日常生活息息相关，也与学生的学习紧密相连。）

（2）解决问题（课堂用时59分钟）

核心问题1：认识共享单车（课堂用时14分钟）

分解问题1：为什么会出现共享单车？怎么使用共享单车？

共享单车的最初设计者是谁？为什么要设计共享单车？其设计的最初意图是什么？为什么会出现共享单车？怎么使用共享单车？

学生在实施过程中——课前，全员参与，热情高涨，PPT制作精美；课中，汇报者抑扬顿挫、绘声绘色，用风趣幽默的语言阐述问题。比如，说到小鸣单车时，汇报者问“你们知道它叫什么吗？”所有学生自信满满地齐声回答：“小鸣”，可汇报者故作深沉地说：“错，它是小蓝的弟弟，小浅蓝。”汇报者的幽默表达使全场笑翻了天。汇报者一边演示PPT，一边提问：“你们知道开启共享单车的关键一步是什么吗？”学生各抒己见，汇报者却故作神秘地从口袋中掏出一个手机：“就是它。”

分解问题2：共享单车给个人与社会带来了哪些好处？

让学生了解共享单车在给人们生活带来便利的同时，也在缓解交通压力、改善环境等方面做出了一定的贡献，如缓解交通压力、绿色出行、改善环境、带动实体经济、促进互联网的普及、共享经济、资源共享等。

过渡：共享单车的问世给个人和社会都带来了便利。在大街上，我们可以看到：文艺青年骑着去潇洒，潮流青年骑着去兜风，漂亮女孩骑着去逛街，运动男孩骑着去锻炼，中年大叔骑着去上班。你呢？共享单车成为城市一道亮丽的风景，但是这道亮丽的风景因为人为的破坏而不再亮丽。

核心问题2：共享单车使用过程中出现的不文明现象有哪些？有怎样的不良影响？（课堂用时10分钟）

学生写的不文明现象包罗万象，如开锁过程中的不文明现象有盗用二维码实施诈骗，破坏锁头、座椅、轮胎、链条，等等；骑行中的有闯红灯、各种花式载人、骑车下台阶耍酷等；停放中的有随意丢弃（扔水里、弃于草丛）、公车私用（停家里、楼道）等。

学生在调查过程中对共享单车的情感投入越来越多，有学生在汇报中对于恶意破坏共享单车的行为深恶痛绝，甚至用上了“没有道德”“毫无素质”之类的评价。对共享单车人为破坏的调查研究让学生产生了加强共享单车管理的共识，他们共同认识到，文明骑行共享单车是对民众人文素养的一大考验，也是社会主义核心价值观的培养过程。

过渡：自从共享单车问世以来，它的负面新闻就不绝于耳，如何加强对共享单车的管理，使社会和每位民众产生了新的思考。

核心问题3：如何用科技手段解决共享单车使用过程中的不文明现象？（课堂用时20分钟）

为了直观具体地让学生理解此问题并准确地切入话题，我用间接法导入，用一篇刷爆微信朋友圈的文章与图片引入。文章名为“深圳湾已经被共享单车毁了，明天千万不要去骑车”。我引出问题“你想用什么词语形容你看到的画面？为什么会出现这样的画面？如何解决深圳湾‘车山车海’的问题？请出一个金点子。”我不断引导学生对问题进行思考，要求学生运用跨学科知识，从科技手段方面思考并解决问题。

小组的答案更是五花八门，有的提出设立微信公众App，有的提出网上预约制，有的提出车辆预约制，有的提出建立制度严惩不文明行为者，有的提出纳入公民征信。其中一个小组的答案引起了我的好奇——“电子栅栏”技术。为了让所有学生理解这一新奇的观点，我再次提出问题：“什么是电子栅栏技术？怎么使用？原理是什么？目的是什么？”通过学生的分析解说发现，学生提出的“电子栅栏”技术确实是个极好的方案，不仅解决了共享单车进的问题，还解决了共享单车出的问题。

在此环节中，小组与小组之间对具体措施互相批判，小组成员间团结合作，努力维护本组观点。单口相声、双簧、群口相声等形式，在这一环节体现得淋漓尽致。

核心问题4：作为中学生，你将为维护共享单车做些什么？（课堂用时15分钟）

分解问题1：你如何看待共享单车？

学生在实施过程中，既能谈到共享单车的好处，也能谈到共享单车使用过程中出现的不文明现象以及给管理带来的问题。

分解问题2：你如何倡导文明使用共享单车？请设计一句广告词。

我采用的方式是小组将一句或者多句广告词写在纸上，粘贴在黑板上。每一小组写完后，在广告词前合影并大声读本组口号，声音洪亮、铿锵有力并配有手势。设计这一环节的目的在于培养学生运用多学科知识解决共享单车在共享的同时，做到共建的问题，并培养学生以天下为己任的博大胸襟和领袖情怀。

有4个小组的广告词图文并茂，广告词旁边画着共享单车，生动形象。他们的广告词简洁且朗朗上口，有不小的影响力。

学生的广告词：人间处处真情在，文明用车才最帅！万水千山总是情，文明骑车行不行？！共享单车，共享文明！读万卷书，不如行万里路，文明骑行，你我共享！行车难，不如骑小蓝。

四、教学反思的撰写

1. 教学反思要从问题研究、教学过程两方面进行，包括做得好的方面、有待改进的方面。

2. 要抓住GLOBE课程的四大特点进行反思。

例："共享单车文明出行"教学反思的撰写

（1）教学研究过程中，作为师者，一定要把问题研究清楚。聚焦问题要全面，要把跨学科问题、思维能力问题、人文素养问题，通过文字的形式表述出来。社会主义核心价值观要作为核心问题来解决。

（2）教学过程中，问题设计要有选择性并具有开放性，要有让学生通过动脑动手解决问题的环节，以培养学生批判性思维，引领学生敢于批判、敢于质疑，甚至敢于挑战权威。

比如，本节课抓住的核心词就是"文明"，即在经济时代，如何在共享的同时做到共建。本节课设计了一个学生们设计倡导共享单车文明出行广告词的环节。因为问题具有开放性，所以各小组能充分运用多学科知识，充分调动各成员的积极性。广告各有特点。例如，"人间处处真情在，文明用车才最帅""万水千山总是情，文明骑车行不行"，动之以情倡导文明骑车；"读万卷书，不如行万里路，文明骑行，你我共享"，带有点书卷气息；"行车难，不如骑小蓝”，不仅倡导绿色出行，而且具有为蓝色单车做广告的效果。

（3）问题的引领要科学。课堂中，教师要有一定的教学智慧与灵活的教学机制，根据学生的情况实时调整问题。

本节课过程中，当我惊奇地发现学生的观点中有“电子栅栏”技术时，我适时地调整问题、引领问题，使问题得以一步一步解决。但当学生争论共享单车是否可以停放在小区时，我凭经验认为目前还不能停放在小区，我的这一引导是狭隘的，今后在教学中要学会用更开放的心态来引领学生。

（4）教学内容上，本节课因为时间有限，只能从个人、科技的角度探讨文明使用共享单车。其实共享单车的问题更重要的是涉及政府的管理问题和企业的责任心问题。从政府层面，要加大立法力度、建立监管制度，但随着新事物的出现，政府的监管有些滞后；从企业层面，目前的各大共享单车企业考虑更多的是经济效益，没有承担起企业该有的社会责任，导致共享单车影响市容、妨碍交通等。

（5）在学习方式上，本节课以小组合作探究、课前调查研究等方式，解决了共享单车文明出行的问题。分析共享单车的利弊，培养了学生的辩证思维能力；用科技手段解决不文明现象，培养了学生的创新精神；“作为中学生，将为共享单车的文明出行做些什么”，此问题的探究培养了学生遵纪守法的社会主义核心价值观。

教案是实现教材及课标要求，向课堂教学过渡的基础。它上承教材研究和教学设计，体现其结果；下接课堂教学，是教学活动的总组织纲领和行动方案。同时它也是从备课向课堂教学转化的关节点。教案的作用是保证教学取得成功，是提高教学质量的基本条件。教案是教材及大纲与课堂教学的纽带和桥梁，教案是教学活动的依据，有利于教学水平的提高，有助于教研活动的开展。对于班主任而言，能上课、会上课、上好课，是一个优秀班主任的基本素养。作为教育工作者，我们不仅要能说、能做，更要能写。

中篇

GLOBE德育课程课例

有序排队，共建校园文明

深圳市高级中学　刘书怡

【教学研究】

本节课“以有序排队，共建文明校园”为主题，从教学研究、教学过程两方面进行。我根据教育学、心理学、社会学等多学科知识进行问题聚焦，提炼出核心问题；在教学过程中，坚持以学生为本的教学原则，以问题来引领学生，引导学生合作探究，共同解决问题。

本节课从多学科角度分析学生对校内有序排队的看法，针对排队中出现的不文明现象，引导他们合作制订合理的解决方案。在聚焦问题时，提出核心问题并进行一定的分解。

1. 聚焦问题

“先到先得”的方式，排除了分配过程中存在的不公平行为，是校园生活不可缺少的组成部分。有序排队是校园文明的表现，展现出一个国家及民族的精神修养。然而，在校园中，不按规则排队的现象却屡屡发生，因为插队、拥挤等不良行为造成的日常矛盾更是影响到和谐校园的建设。因此，在这节课上，要求学生通过合作研究探讨校内有序排队的意义及不按规则排队的不良影响，运用行政管理学、社会学、教育学、心理学等多学科知识解决问题，提升他们的内在素养，加强校园精神文明建设。通过让学生分析中日两国排队文化的巨大差异，引导学生以更为开放的视野深入探讨社会现象、解决社会问题。其中，有序、共建是本课聚焦的重点问题。

2. 核心问题

本节课的核心问题如下：

核心问题1：你怎样看待校内有序排队？

核心问题2：如何改善校内不按规则排队的现象？请出一个金点子。

核心问题3：如何倡导校园有序排队？请设计一句宣传语。

核心问题4：通过对比中日排队文化的差异，我们应该如何加强精神文明建设？

3. 分解问题

核心问题1：你怎样看待校内有序排队？

此问题涉及多学科知识及学生的调查研究，为了更好地解决问题，将其分解为以下两个问题：

分解问题1：在校园中，有序排队有什么意义？

分解问题2：不按规则排队对创建文明校园有何影响？

核心问题2、核心问题3、核心问题4清晰明了，无须分解。

【教学过程】

1. 设计问题、引出课题

我用间接法，以图片的方式引出课题，在课堂上展示5张学生们在食堂排队就餐的照片，引出排队这一话题，训练学生的观察力及提取信息的能力。

（**设计意图**：安排此环节的目的是，说明排队是日常校园生活中非常普遍的一种行为，其与学生的校园生活息息相关，以引出主题。）

在课堂上展示两段表现中日排队文化的视频，让学生对比两者的不同之处，引出有序排队这一主题。引导学生思考哪一种排队方式更有效率以及更有利于构建和谐社会，让学生合作探究校内有序排队的意义，培养学生的观察力及分析能力。

第一段视频场景发生在日本，人们以非常有序、文明的排队方式进入会场，高效地完成了整个入场流程。第二段视频场景发生在中国的地铁站，人们完全无视排队规则，相互推搡挤入地铁，造成了一定的安全隐患。

（**设计意图**：展示此视频的目的是以对比的形式直观地反映中日两国排队

方式的差异，引发学生思考有序排队的意义。）

2. 解决问题

核心问题1：你怎样看待校内有序排队？（课堂用时10分钟）

分解问题1：在校园中，有序排队有什么意义？

过渡：对比第一段视频中井然有序的排队方式，第二段视频中的排队行为确实有很多需要提升、改进的地方。那么，同学们，排队行为在校园中随处可见，你认为哪一种排队方式更有利于创建文明校园？在校园中，这种排队方式有何益处？

将学生分为6个小组，每组8人进行对比探究。学生对比探究，培养了判断能力和分析能力。学生将观点记录在纸上并进行阐述说明。

在观看完视频后，学生们能直观地感受到有序排队的益处。很多学生提到可以节约时间、提高效率。还有些学生提到分配公平，认为自觉排队是一项道德规范，不自觉排队是对他人的一种不尊重。在观察他们讨论的过程中，我发现学生们都很积极，有些学生在谈到校园餐厅及小卖部的插队现象时义愤填膺，情绪比较激动，与话题产生了共鸣，融入了主题探讨活动。这也为后面进一步讨论不按规则排队的不良影响奠定了基础。

分解问题2：不按规则排队对创建文明校园有何影响？

过渡：经过刚刚的讨论，相信大家已经认识到有序排队的意义，但不可否认的是，不按规则排队的行为仍然存在。同学们，你们是否经历过被插队，或遇到过扰乱队伍秩序的人。对此你有什么看法？这种不按规则排队的行为对创建文明校园又有何影响呢？

各小组进行合作讨论，并在表格列出的各场合（出入校门、上下楼梯等）有序排队应达到程度中进行勾选。其中，食堂和上下楼梯被选为校园排队状况最糟糕的两个场所。6组中，3个小组从个人角度出发，讨论不按规则排队的行为对他人的影响。剩余3个小组则从学校的角度出发进行讨论。在小组讨论过程中，学生们一致认为不按规则排队是不道德、不文明的，是一种自私的行为。在对学校的影响方面，学生提到了这种行为违反校园的规章制度，有损学校形象，不利于建立和谐校园，等等。

在此过程中，学生根据自己的所见所闻，依托对日常生活的观察阐述自己的观点，并通过小组合作讨论的形式增强对相关问题的理解，强化思考能力。

核心问题2：如何改善校内不按规则排队的现象？请出一个金点子（课堂用时10分钟）

过渡：排队是校园生活中必不可少的组成部分，作为学校的一分子，你觉得应该如何改善校内不按规则排队的现象？请出一个金点子。

将6组学生分为两大组，分别从个人、班级、学校三个角度出发进行讨论。一组进行阐述，另外一组在此基础上进行补充。

个人层面的关键句：以身作则，树立榜样，恪守规章制度，制止不良行为。

班级层面的关键句：班委加大监督管理，班会强化教育。

学校层面的关键句：完善规章制度，进行思想教育、文明宣传。

在这个环节我特意提到了食堂和上下楼梯这两个场所，让学生们具体问题具体分析，着重解决这两个地方不按规则排队的问题。学生踊跃发言，提到要不争不抢、以礼相待，不推拉、不拥挤等。

该环节使学生能够多角度地考虑问题，锻炼学生的思考能力及解决问题的能力，拓宽学生的思路。

核心问题3：如何倡导校园有序排队？请设计一句宣传语

过渡：改善校内不按规则排队的一个有效措施——强化校内宣传。你会如何倡导校园有序排队？请为此设计一句宣传语。

在这个环节中，我要求各组学生充分利用好卡纸，将设计好的宣传标语及配图绘制在卡纸上并以小组的形式上台进行展示。学生在小组内进行分工，各小组成员出点子、书写、作画、相互配合，共同完成一幅作品。在此过程中，各小组充分利用集体的智慧，创造出许多实用并且富有内涵的口号，如“整齐的是队列，更是素质”“排队排出秩序，插队破坏文明”“以等待的姿态，站出文明的态度”等。在展示的过程中可以发现，学生们都充分利用彩笔等绘画工具，整个宣传卡纸有文有图，并配以响亮的口号。最后我以投票的形式评出全场最佳宣传语。各小组的展示各有特色，精彩纷呈！

这个实施过程其实是对学生综合素养的考查，启发学生以分工合作的形式完成任务，锻炼他们的动手实践能力，促进提升了学生的语言表达及提炼能力，培养了学生的创造力。

核心问题4：通过对比中日排队文化的差异，我们应该如何加强精神文明建设？

过渡：有序排队的习惯深深根植于一些国家的民族精神中。日本被称为最讲究有序排队的国家之一，甚至还有一套特别的排队礼仪。对此你有什么看法？我们从中可以学习到什么？

下发日本排队文化的文本资料至各小组。将6组学生共分为两大组，1~3组归纳整理日本重视排队的原因，4~6组负责归纳日本特有的排队礼仪。

每组报告时，各大组的其他小组进行补充评价，将关键句记录在白纸上。各小组通过阅读相关材料，从战后物资匮乏，以及日本特有的自律精神、家庭教育、崇尚秩序之美这几个角度出发进行分析，还提到了日本人排队的特征（始终保持安静有序，听不到大声喧哗，更不会出现插队现象。当然遇到有紧急情况的排队者也会让出自己的位置）。两大组齐心协力、群策群力，形成一份“研究日本排队文化报告书”。分析完特征，再让各小组探讨从他们的排队精神可以学习到什么，如何强化精神文明建设。学生们提到政府宣传、家庭教育、提升国民素质等。

通过研究比较中日两国排队文化的巨大差异，引导学生以更为开放的视野深入探讨社会现象，锻炼学生的批判思维能力，强化精神文明建设，弘扬民族精神，解决实际的社会问题。大家各抒己见，也进一步认识到，文明排队有利于创建和谐社会、宣扬民族精神，也是构建社会主义核心价值观的重要一步。

小结：班会的最后，我增加了让学生起立宣读自己创作的文明排队宣传语这一环节，并放送文明排队之歌让学生们跟着哼唱，为这一堂课画上一个圆满的句号。动人的旋律增强了学生的情感投入，悦耳的歌声唱出了和谐社会主义的心声！

【教学反思】

1. 在准备班会课的过程中，要明白学生喜欢民主、平等型的课堂，期待得到老师的赞扬和鼓励。新课程标准其中的一个理念就是，教师是教学活动的组织者、参与者、引导者、合作者。因此，要营造民主、平等、放得开、收得拢的课堂，核心问题一定要有实用性并具备开放性，可以引发学生进行思考、敢于质疑，并且能推动学生通过合作实践找到解决问题的方法。比如，有序、共建，是本课聚焦的重点问题。学生通过小组合作、组内分工的方式设计有序排队的宣传语，在写字，作图、喊口号等设计展示活动中增加了情感投入，一句句口号有一定的深度，彰显学生的核心素养。

2. 课堂导入这一环节一定要自然。在本次课堂的导入环节，我以图片的方式引出课题，在课堂上展示5张学生们在食堂排队就餐的照片，贴近学生的生活。学生一看到熟悉的场景、熟悉的面孔，就产生了兴趣，觉得这话题有意思，而这也为课题的展开和深入做了铺垫。

3. 在教学实施的过程中，要做到随机应变，围绕主题随时调整。本节课在探讨插队等不文明现象的时候，有学生站在插队者的角度，提出如果插队者是真的有特殊情况、有急事，那应该如何处理？我没有直接回答，而是提到了遵守规则的重要性，然后转而向他发问，如果你是有急事的那个人，你会如何处理，如何两者兼顾？同时让其他学生帮他出招。最后讨论出一个可取的方法是询问排在队伍前列的人，说明情况，看是否能争得对方的同意排在前面。这让学生学会站在他人的立场上从多角度思考这个问题，提升了他们的思辨能力。

4. 在教学内容上，因为时间有限，虽谈到民族精神的问题，但没能往深层挖掘。对比日本，其实中国也有很多民族的东西可以弘扬。和谐守礼、团结统一一直都是根植在我们民族文化之中的，可以让学生从个人、社会两个角度谈谈如何保存、发展、弘扬中华民族固有的民族精神，以此来解决社会中存在的一些问题。

5. 在学习方式上，本节课主要以小组合作探究等方式解决校园文明排队的问题。通过分析文明排队的意义与不文明排队的不良影响，引导学生找到解决问题的关键，提升了学生的核心素养。但值得思考的是，学生的参与度和活跃程度，包括一些思考的角度大大超出了我的想象。其实在今后的教学活动中，活动的形式可以更加多元化，可以设计更多培养批判性思维的活动，以更为开放的视野来深入探讨社会现象、解决社会问题，拓宽学生的思路，让学生辩证地去看待社会问题。

远离零食 健康成长

深圳市高级中学 张静静

【教学研究】

1. 聚焦问题

食品安全教育是中学安全教育工作必不可少的一部分，关乎学生的身体健康，然而因学生不重视食品卫生问题，吃零食问题突出（国家质量监督检验检疫总局：不合格食品中，七成是零食），学校和班级垃圾桶几乎成为各种食品袋的“天下”。中国疾病预防控制中心营养食品所指出，我国60%以上3~17岁的儿童和青少年每天都吃零食。零食虽好吃，但隐藏诸多隐患，甚至不知不觉中成为可怕的健康杀手。基于此，本课程聚焦的问题如下：

聚焦问题1：引导学生正确认识零食，在购买时学会选择和鉴别。

聚焦问题2：引导学生了解零食的危害，增强远离零食的信心。

聚焦问题3：引导学生养成健康饮食的行为习惯，营造健康安全的成长环境。

聚焦问题4：培养学生分析问题、解决问题的能力与动手实践能力。

2. 核心问题

本节课的核心问题是：如何远离零食？设置此问题的目的是让学生反思吃零食带来的危害，引导学生迈出制订无零食计划的第一步。

3. 分解问题

为了更好地解决核心问题，将其分解为以下三个问题。

分解问题1：如何看待校园吃零食现象？

分解问题2：零食有哪些危害？

分解问题3：我的无零食计划是什么？

【教学过程】

（一）校园纪实，时事新闻，引出课题

通过照片（校园随处可见的吃零食照片）、视频（深圳青少年零食消费率81.2%，专家呼吁少吃零食）的方式引出问题“如何看待校园吃零食现象？谈谈零食带给你的危害？”进而引出课题——远离零食，健康成长。培养学生小组合作、小组探究、归纳问题的能力。

（二）解决问题

1. 核心问题：如何远离零食？

分解问题1：如何看待校园吃零食现象？

问题引领1：同学们，在大家的身边，吃零食现象严重吗？

活动探究：课前分组搜集校园吃零食的现象，通过小组汇报的形式展现。

预设主题：好吃，不卫生，不利于身体健康；破坏校园环境，不文明；等等。

问题引领2：如何看待校园吃零食现象？

活动探究：讨论如何看待校园中吃零食的现象，并进行总结汇报，教师引导学生归类。

达成目标：反思吃零食带来的危害，引导学生迈出制订无零食计划的第一步。

（设计意图：小组合作、小组探究，激发兴趣、提升能力。）

分解问题2：零食有哪些危害？

（播放视频：食品药品监督管理局指出，“五毛钱零食”问题多、危害大。）

问题引领1：结合视频及自己的调查，总结吃零食的危害。

活动探究：小组讨论吃零食的危害，并把讨论结果写到黑板上。教师引导学生将讨论的结果分类。

（展示国家质量监督检验检疫总局调查报告：不合格食品中，七成是零食。）

问题引领2：为何不合格食品中零食占的比重如此之大呢？

活动探究：小组讨论，为何不合格食品中零食占的比重如此之大呢？小组以海报形式展示结果，教师引导并归类。

达成目标：培养学生分析问题、共同合作的能力，加深学生对零食危害的认识。

（设计意图：寻根探源、加深理解、归纳总结。）

分解问题3：我的无零食计划是什么？

问题引领：如何远离零食，开启我的无零食计划？

活动探究：分组讨论解决问题的具体措施，制作无零食计划海报，整理形成班级“无零食公约”（从父母引导、学校教育、师生监督等方面入手）

达成目标：培养学生分析问题、解决问题的能力。

（设计意图：合作探究、多维互动。）

2. 深化主题：远离零食，健康成长！

（播放视频：《吃零食危害堪比抽烟，如何合理膳食最重要！》）

活动探究：设计无零食计划宣传标语，让更多人参与，一起健康成长！

达成目标：鼓励学生积极宣传有益事情，培养责任心等核心素养。

（设计意图：深化主题、点亮智慧。）

（三）实践运用

1. 制作动态的“无零食公约墙”

学生可随时补充，使之系统化、常态化、规范化。

2. 评选每周“无零食之星”

通过班主任、科任老师、家长、学生的共同参与，形成教育合力。

达成目标：引导和督促学生在日常生活中养成良好的饮食习惯，营造良好的自律氛围，培养学生的综合实践能力。

（设计意图：班会成果常态化、形成教育合力。）

（四）效果反馈

根据学生添加的信息、无零食之星评分表反馈信息，了解学生吃零食现况，进行总结归纳与反思，并采取相应措施调整评分表，使之更加可行，更方便操作。

（设计意图：构建教育共同体，助力师生成长、成才。）

【教学反思】

班会是班主任向学生进行思想品德教育的一种有效形式和重要阵地。主题班会通过集体的智慧和力量，让个人在集体活动中受教育、受熏陶，从而提高综合素质。本节课让我对班会课有了更加清晰的认识。

1. 选题方面

主题突出，内容贴近学生生活。因为一节课的时间有限，小而实在的主题更容易实现教育意图。本节课的教育目的是针对学生吃零食的现象，通过有效问题引发学生思考，使其意识到问题的严重性，促使其开启无零食行动，营造健康安全的成长环境。

2. 教学研究过程中

要把问题研究清楚，问题聚焦要全面，解决的问题要是真问题，设计的问题要清晰地呈现出来。

3. 教学过程中

发挥学生的主体作用，让学生参与到课堂教学环节中。因此问题引入方式要符合学生认知，问题出现后要能调动学生的积极性，要有让学生通过动脑动手来解决的价值，培养学生分析问题、解决问题的能力，同时培养学生的责任心。

本节课不仅让学生自己制订无零食计划，还设计了制作无零食计划宣传标语的环节。该环节开放性强，学生可以充分发挥自己的想象力，如学生提到“远离零食每一餐，拥有健康每一天”“零食共抵制，健康自会来”“想要美和靓，远离零食旁”“零食常吃，健康不长久”。各小组充分调动成员的积极性，用严肃、幽默的方式宣传远离零食这一有益事情。

4. 教学内容上

本节课的主要内容是分析零食的危害和如何远离零食，制订无零食计划，营造健康安全的成长环境。更重要的是学生此后的坚持，远离零食，做好自我约束、自我监督，发挥课后实践运用环节的作用。

"侠亦有道"：做一个正义的"键盘侠"

深圳市高级中学　郭　帅

【教学研究】

1. 聚焦问题

随着网络社会的发展，一群心怀热血、关心社会的网民开始以键盘作为武器，在网络上自由地反映社会中出现的问题。"键盘侠"应运而生，然而却也给社会带来了一些负面影响。

基于GLOBE教学法的思想指导，本节课从社会热点问题——"键盘侠"现象出发，倡导学生做一个正义的"键盘侠"，培养学生在网络上文明用语的良好习惯，增强学生公民意识，提升学生公民素养，引导学生树立正确的价值观。本课教学设计以问题为导向，聚焦问题为：正能量"键盘侠"的作用。

2. 核心问题

本节课的核心问题：如何认识和发挥"键盘侠"的正能量作用?

3. 分解问题

为了解决该核心问题，将其分解为以下三个问题：

分解问题1：认识和了解"键盘侠"。

分解问题2：如何看待"键盘侠"？

分解问题3：怎样做一个正义的"键盘侠"？

【教学过程】

1. 设计问题、引出课题（课堂用时5分钟）

利用钢铁侠和金庸武侠小说引入“侠”这一概念，进而引出“键盘侠”这类现象。（流行元素最能引起学生的注意）

最近有句话大家一定很熟悉，“爱你三千遍”。有没有同学知道这句话的出处？钢铁侠牺牲了自己，拯救了世界，也让“侠”这个字又一次有了热度。那么同学们，在你们眼中，什么是“侠”呢？

每个人对“侠”都有不同的理解，在金庸先生的小说里有很多手拿刀枪剑戟惩恶扬善的大侠。时隔千年，在当今的信息时代、网络时代里，这些刀枪剑戟已经被另一种利器所取代，那就是键盘。今天也衍生出一类新的群体，就是“键盘侠”。“侠亦有道”，今天我们的班会主题是做一个正义的“键盘侠”。

2. 解决问题

核心问题：如何认识和发挥“键盘侠”的正能量作用？（课堂用时58分钟）

分解问题1：认识和了解“键盘侠”。

问题引领1：结合网络特点，从个人和社会的角度想想“键盘侠”产生的原因有哪些？

活动探究：通过小组合作的形式，结合网络特点，从个人和社会两个方面进行概括。从不同角度，多学科地探讨“键盘侠”产生的原因，选出一名代表进行发言。

预期目标：培养学生运用多学科知识，多角度分析问题的能力。

过渡：从大家的讨论看，“键盘侠”顺应了信息时代、自媒体时代的发展趋势，但对其缺乏有效监督。

师：那么同学们，和你交锋过的“键盘侠”都是什么样的呢？请你结合自己的经历、听到的新闻，思考按照他们的做法可以把“键盘侠”分成几类。

问题引领2：如何对“键盘侠”进行分类？

活动探究：听新闻，对新闻中的“键盘侠”进行分类。

预期目标：通过收听近期热点新闻的方式形成对“键盘侠”的初步认知，构建“键盘侠”的形象，培养分类能力，为后面的辩论做准备。

分解问题2：如何看待“键盘侠”？

问题引领：如何正确看待“键盘侠”？

活动探究：以辩论的形式分析探讨并全面认识“键盘侠”这一群体。

辩题：“键盘侠”是弘扬了社会正义力量还是助长了社会不正之风？

正方：“键盘侠”弘扬了社会正义力量。

反方：“键盘侠”助长了社会不正之风。

辩论前播放papi酱关于“键盘侠”的视频和《奇葩说》席瑞关于“键盘侠”的辩论的视频，分别从正反两方对学生进行启发性引导（结合社会热点和流行因素抓住学生眼球）。课堂现场根据立场进行分组，以组为单位讨论，将观点汇总在白纸上。双方各选择一名代表进行发言。自由发言环节，双方交替发言，学生直接站起来不需要举手，每名学生限时20秒，可多次发言。辩论结束后，引导学生分别谈谈同意对方的哪些观点。

预期目标：通过辩论的形式培养学生的批判性思维，通过换位思考的方式培养学生的辩证思维。

过渡：感谢大家为我们带来的精彩辩论，请各位同学将掌声送给对方，也送给我们自己。请回到自己的座位。我想用一个词来概括今天我们的辩论——大智慧。我们不仅要做思想上的巨人，也要做行动上的巨人。接下来请简要谈谈如何做一名正义的“键盘侠”。

分解问题3：怎样做一个正义的“键盘侠”？

问题引领1：一个正义的“键盘侠”有什么特点？

活动探究：小组通过合作探究的方式谈一谈一个正义的“键盘侠”有什么特点。

预期目标：帮助学生树立正确的价值观。

这一部分需要我们将学生的发言性质概括为三个方面：思想正，即有一个好的出发点，内容是能推动社会进步的；行为端，即要采取合理的方式和行为维护社会正义；带动能力强，就像古代的大侠一样能够带动更多人呼吁正义、践行正义。将以上三点用板书的形式表达出来。板书的形式要灵活，如可以用一个Wi-Fi的符号，更贴合我们的班会主题。

过渡：各位正义的侠士们，到我们亮剑的时候了。目前在××中学贴吧有一些不和谐的声音，请各位准备好我们的键盘，和你的伙伴们一起捍卫心中的正义吧。请各组任选一个帖子进行回复。

问题引领2：面对“键盘侠”的一些帖子，我们该如何回帖？

活动探究：小组通过合作探究的方式，谈一谈如何文明回帖。

预期目标：帮助学生树立正确的价值观。

3. 课堂小结

课堂小结主要是从公民意识角度对学生进行号召。

未来社会是信息化网络社会，维护社会的正义是未来人应有的素养，也是每一个初中生的责任和使命。同学们你所站立的这个地方是××学校。未来是我们的，更是你们的。你们的样子就是中国未来的样子。你们思想正，中国便浩气长存；你们行为端，中国便气正民安；你们带动能力强，中国必然和气致祥。我相信，我们的祖国，因为在座的我们，在座的各位大侠，一定会成为最有力量的“江湖”。“侠亦有道”，让我们做一个正义的“键盘侠”。

【教学反思】

本堂班会课既有一些成功之处，也有一些不足，总结如下。

1. 成功之处

班会课的问题聚焦为正能量“键盘侠”的作用，该问题又具体分解为认识“键盘侠”、正确看待“键盘侠”、做一个正义的“键盘侠”三个问题。素材贴近社会热点，具有趣味性。papi酱、《奇葩说》视频很好地引导学生思考，为后面的活动奠定了基础。

2. 存在的问题

（1）课堂生成开发不够全面。

（2）课堂节奏把握能力有待提高，课堂热度不够，错失提高热度时机。在实际的课堂中，延长辩论的时间效果会更好，课堂会更加精彩。

（3）学生的展示还不够充分，活动多、时间紧，所以还需要有的放矢，根据实际情况加以取舍。

拥抱亲情，感恩父母

深圳市高级中学　李琼瑶

【教学研究】

1. 聚焦问题

现在的初中生，正处于青春叛逆期，经常嫌弃父母唠叨、麻烦，甚至经常顶撞父母。通过这次主题班会，对学生进行感恩教育，让学生感受父母亲情，体验亲情的无私和伟大，学会理解父母、尊敬父母，并从现在开始用实际行动来回报父母。这也是本节课的聚焦问题。

2. 核心问题

本节课的核心问题如下：

核心问题1：为什么要感恩父母？（Why？）从多学科角度分析感恩的由来以及为什么要感恩父母。

核心问题2：如何感恩父母？（How？）引领学生从自我做起，尊敬父母，珍惜亲情，从而培养学生良好的社会主义核心价值观。

3. 分解问题

现将这两个问题分解如下：

核心问题1：为什么要感恩父母？

分解为：

（1）从前我们与父母的相处模式。

（2）你记忆中父母为你做过哪些让你感动的事？

核心问题2：如何感恩父母？

分解为：

（1）陪伴父母。

（2）如何与父母和谐相处，建立良好的亲子关系？

【教学过程】

1. 设计问题、引出课题

2. 决问题

核心问题1：为什么要感恩父母？

分解问题1：从前我们与父母的相处模式。

问题引领：现在你们正值青春期，与父母交流出现过问题吗？

小组活动：解决本问题采用的是情景剧扮演的方式，让学生分小组表演，内容是几种家中常发生的情景和对话。

例如：

（1）参加同学生日聚会，晚上回家晚了；

（2）考试没考好；

（3）电子产品使用遇到问题；

（4）认为父母偏爱弟弟妹妹。

没有表演的小组可以对其他小组的表演发表看法。父母为什么这么做？以后发生类似的事情如何解决？

小结：同学们现在和父母之间发生了小摩擦，大家可能忘记了父母为我们付出的辛苦。现在我们通过一段视频来一起回忆一下。

分解问题2：你记忆中父母为你做过什么让你感动的事情？

问题引领：同学们，从出生到现在，父母为你们付出了太多太多。印象中，父母为你做过让你最感动的事情是什么？

小组活动：学生自行回忆1分钟，轮流回答。

小结：父母赐予我们生命，给予我们温暖的家。他们将爱渗透、伴随我们左右。父母用实际行动证明，他们的爱时刻存在。有人说陪伴是最长情的告白，你们知道我们还可以陪伴父母多久吗？

核心问题2：如何感恩父母？

分解问题1：陪伴父母。

小组活动：视频，画图。导学案上有初中以后陪伴父母时间累计。让学生用一种形式展示时间，进行小组合作并汇报。

小结：子欲养而亲不待，感恩一定不要让等待成为遗憾……孩子们，趁我们还有时间，还有机会，好好感恩父母，和父母和谐相处吧！

分解问题2：如何与父母和谐相处，建立良好亲子关系？

小组活动：每人一张贺卡给父母写一封信，“爸爸妈妈，我想对你们说……”（音乐响起）

散文诗朗诵。

【教学反思】

本堂班会课既有一些成功之处，也有一些不足之处，总结如下：

1. 成功之处

（1）选题经典。百善孝为先，孝顺父母是中华民族的传统美德。

（2）在教学中努力体现GLOBE的问题意识。班会课的问题聚焦于为什么要感恩父母和如何感恩父母。通过小组探究活动、学生展示，完成核心问题。

（3）成长适应性。现在的初中生正值青春期，他们在成长过程中没有吃过生活的苦，也不能完全体会学习的目的，所以在学习和生活中与父母会出现一些问题。

（4）准备较充分，情感持续升温。通过播放学生成长视频、亲情时钟视频以及计算陪伴时间等一系列活动让学生感恩之情逐渐升温，直至在写信环节达到高峰。

2. 存在的问题

（1）教师自身的语言和情感表达能力须提升，本节课属于情感类主题班会课，情感表达是最主要的。

（2）在亲情时钟环节，学生的展示还不够充分，活动多、时间紧，还需要有的放矢，根据实际情况加以取舍。

（3）PPT制作可以更精美。

兄弟，你是什么“垃圾”？

深圳市高级中学　汤士强

【教学研究】

目前，垃圾处理的方法还多是堆放填埋方式，占用大量土地，并且虫蝇乱飞、污水四溢、臭气熏天，严重污染环境。垃圾分类收集可以减少垃圾处理量和处理设备，降低处理成本，减少土地资源的消耗，具有社会、经济、生态三方面的效益。在GLOBE教学原则的指导下，可以整合经济、环境、信息技术等多学科知识，让学生通过合作探究来解决问题。

本节课从多学科角度让学生分析研究垃圾分类的社会需要、现实意义、存在的问题以及解决的方法与做法，在聚焦问题中，提出核心问题加以解决。

1. 聚焦问题

为什么要实行垃圾分类？通过提出问题、解决问题的过程，学生了解了垃圾的来源，认识到了合理处理垃圾、保护环境的重要性。

现实环境下，垃圾分类怎样实行？学生通过掌握相关知识，初步学会垃圾分类，树立节约资源、保护环境的意识。

2. 核心问题

本节课的核心问题如下：

核心问题1：什么是垃圾？让学生学会辨别垃圾，从多学科角度科学认识垃圾分类。

核心问题2：如果实行垃圾分类，这一举措有什么好处？垃圾分类有什么优点？目的是让学生运用多学科知识了解垃圾分类的现实意义。

核心问题3：作为中学生，你能为垃圾分类的实行做些什么？引领学生从自我做起，节约资源，做一个有道德、有素质的公民，从而培养学生良好的社会主义核心价值观。

3. 分解问题

核心问题1：什么是垃圾？

涉及多学科知识及学生的调查研究，让学生充分认识我们潜意识里的垃圾以及科学意义上的垃圾。如何用发展的眼观、科学的态度认识垃圾？垃圾去哪里了？垃圾有哪些危害？在垃圾桶旁边我们感到气味难闻；随处可见的垃圾使人们生活的地方越来越小；垃圾中的细菌、病菌会让人生病。种种现象让我们做何感想？

核心问题2：垃圾分类有什么好处？垃圾分类有什么优点？

垃圾，只有在混在一起的时候才是垃圾，一旦分类回收就都是宝贝。垃圾分类就是在源头将垃圾分类投放，并通过分类的清运和回收使之重新变成资源……

核心问题3：作为中学生，你能为垃圾分类的实行做些什么？

【教学过程】

1. 设计问题、引出课题

我用间接法，播放小品《地球的呼唤》，通过图片、视频的方式引出课题，从而培养学生提取信息、归纳问题的能力。

前段时间，一句最新问候语“兄弟，你是什么‘垃圾’”蹿红网络，成为40多个城市最潮的问候语，其背后的故事便是逼疯上海人的垃圾分类，你准备好了吗？别急，马上就是你。

2. 解决问题

核心问题1：什么是垃圾？

分解问题1：为什么要重新认识垃圾？它与我们传统意义上说的垃圾有何不同？

在产品日新月异、社会飞速发展的今天，许多东西越来越方便人们的生活。但相应地大量的垃圾和污染也向城市席卷而来。虽然街道上有垃圾箱，但人们仍随处乱扔垃圾。

关于生活中会产生哪些垃圾，学生在说出有哪些垃圾时，可能会片面地从家庭来说。这时教师就要做适当的引导：想想在现实生活中，还会产生哪些垃圾？这些垃圾是如何产生的？我们会如何处理这些垃圾？

分解问题2：在日常生活中，你是如何处理垃圾的？

上一部分内容让学生知道了平时都会产生哪些垃圾，此时再让学生谈谈自己是如何处理垃圾的，形成对应，便于学生了解正确的垃圾处理方法。

我采用的方式是小组讨论，学生分成6个小组，了解目前的垃圾处理方式，每个小组用关键词将答案写在大纸上并粘贴在黑板上。

准备一些垃圾道具让学生动手分垃圾。从学生对垃圾认识的回答中，小结出有些垃圾还是有用的，让学生理解垃圾是一些被放错地方的原料。根据这个标准，让学生动手分类垃圾。

指名1人演示，其余学生以小组为单位进行活动（将垃圾道具分类）。

垃圾道具：废电池、易拉罐、废报纸、瓜果皮、变质食物、玻璃碎片、过期药品、饭、铁丝、杀虫剂罐子等。

通过讨论，师生合作完成垃圾种类的划分：可回收垃圾、不可回收垃圾和有害垃圾。

在实施过程中，学生组内共同讨论，分工合作，集集体智慧于一体，探讨出结果。我们能够利用的垃圾称为可回收垃圾，不能利用的垃圾称为不可回收垃圾。在不可回收垃圾中还有一些垃圾是比较特殊的（废电池、过期药品、杀虫剂罐子等），我们把它们单独分成一类，称为有害垃圾。

通过讨论生活中垃圾分类的好处（减少污染、降低成本、节省资源），总结出实行垃圾分类的必要性。

核心问题2：垃圾分类有什么好处？垃圾分类有什么优点？（课堂用时10分钟）

在生活中实行垃圾分类可能吗？（小组讨论）学生知道实行垃圾分类的必要性后，部分学生可能会认为，既然实行垃圾分类有必要，那就肯定能实行垃圾分类；另外一些学生可能会认为现在的生活中没有看到垃圾分类，垃圾分类不可能，从而引出争论。通过小组讨论，学生很容易列举出垃圾分类带来的好处，也就能得出垃圾分类是可行的。此时教师相机提出：我国目前有没有实行垃圾分类？有的地方还没有实行垃圾分类，说明实行起来还有一定困难。

学生在实施过程中，猜测到垃圾分类可能会有哪些困难。由于是猜测，所以结果不一定准确。为了得出确切的答案，教师可以引导学生设计一种方式进行调查。

如果你是某环保部门的负责人，准备调查一下当地居民的垃圾处理方式，请结合所学知识，设计一种垃圾分类调查方式，小组合作完成。学生对这种调查接触比较少，教师可对学生的设计做具体指导。

学生展示成果后，让小组代表出演被调查对象，回答其他小组设计的调查问题，以证实该小组设计的调查方法是否可行。

学生一边调查，一边汇报，在这个过程中对垃圾分类的情感投入也越来越多，从而了解了垃圾分类是对民众人文素养的一大考验，也是社会主义核心价值观的培养过程。

师：经过大家的讨论，不知道大家是否对垃圾分类有了新的认识呢？我相信大家肯定都能够把垃圾投放到正确的地方。世界上没有无用的垃圾，只有放错位置的垃圾。我相信我们都不希望我们子孙后代在一个肮脏的地球上生活，那么我们可以为环保做些什么呢？大家想一想，我们可以为垃圾分类做些什么？

核心问题3：作为中学生，你能为垃圾分类的实行做些什么？（课堂用时20分钟）

通过今天这次活动，我们知道每个人都是垃圾的制造者，也是垃圾的受害者，更是环境的保护者。为了我们共同的家园，我们怎样才能自觉对垃圾进行分类处理，我们又能对垃圾分类做些什么呢？

让学生自己去思考生活中的垃圾分类是否可行，如何为垃圾分类做出自己的贡献（比如，写建议书）。

写出一个宣传标语。不断引导学生对问题进行思考，要求学生运用跨学科知识，如人文学科、广告学的知识等，思考并解决问题。

最后让学生们朗诵《给未来一片绿》，理解垃圾分类、保护环境是我们义不容辞的责任，是为了让我们的生活环境变得更加美好。垃圾分类光靠几个人的力量是远远不够的，为了我们共同的家园，我们都应该加入垃圾分类中来。从现在开始，正确处理产生的垃圾，为我们的未来节约一些资源。

垃圾分类其实就是一个变废为宝的过程。在日常生活中我们可以为环保做很多事情，让我们用双手为地球增添新绿，做名副其实的“环保小卫士”。

【教学反思】

在班会中，全体学生空前活跃，人人争先恐后地想表达自己的看法。课后很多学生都能写出有关垃圾分类的小论文。由于垃圾随意堆放等污染环境的事件是发生在每个学生身边的事，他们能身临其境地体会垃圾对环境造成的危害并知道垃圾该如何被合理利用。我以“我为自己谋出路”为出发点，让学生思考如何处理城市生活垃圾才能实现无害化、减量化和再资源化。这样的主题班会极大地增强了学生关心人类生存环境、创设人类美好家园的意识。通过GLOBE教学法，以问题为导向，极大地锻炼了学生独立思考的能力，多角度、多学科、多方式地培养学生的批判性思维。

课堂上，你在认真聆听吗？

深圳市高级中学　李　婧

【教学研究】

1. 聚焦问题

基于GLOBE教学法的思想指导，本节课从校园文明礼仪出发，选取课堂礼仪中的“聆听”问题来让学生展开讨论。在教学研究、教学过程中坚持问题导向，从知识学习、人文素养培养、树立社会主义核心价值观三个方面出发，聚焦问题并确立核心问题；在课堂实施过程中注意问题引领，在GLOBE教学原则的指导下，让学生通过合作探究来解决问题。

课堂是教学行为实施的基本场景，课堂效果的实现程度则同时取决于教师和学生在课堂这一场景内的不同表现。就学生而言，“聆听”既是课堂学习行为的基本动作，也涉及整体素养的展现。目前在课堂教学过程中，学生存在不认真聆听的现象，如上课走神，对老师的引导不能及时反馈，小组活动不能认真听取同学意见，等等。这些现象的存在导致一系列不良影响，促使我们对此加以分析探讨。

认真聆听，是本课聚焦的重点问题。

就知识学习层面而言，学生应该掌握课堂学习的基本方法，学会在课堂上通过认真聆听提取并吸收关键信息从而更有效地提高学习效率。

就人文素养培养层面而言，学生应该理解课堂知识学习过程中认真聆听的基础作用，同时对于共处于这一场域内的其他人，这一行为体现了对他人的尊重。

就社会主义核心价值观层面而言，在课堂上做到认真聆听，既是学生这一角色的本分，也是互相尊重、友善和睦的新型师生关系得以达成的必要条件。

2. 核心问题

本节课的核心问题：帮助学生认识课堂聆听的重要作用并使学生学会认真聆听。

3. 分解问题

为了解决该核心问题，将其分解为以下三个问题：

分解问题1：在课堂上聆听什么？

分解问题2：课堂上不认真聆听的现象有哪些，有哪些不良影响？

分解问题3：如何做到在课堂上认真聆听？

【教学过程】

1. 设计问题、引出课题

听录音（为本班日常课堂录音，不含具体课堂内容，时间3分钟左右）。请同学们指出录音中包含哪些声音。课堂用时5分钟。

2. 解决问题

核心问题：帮助学生认识课堂聆听的重要作用并使学生学会认真聆听（课堂用时23分钟）

分解问题1：在课堂上聆听什么？

问题引领1：课堂上都有哪些声音会被我们听到？

达成目标：承接课程引入环节之设计，激发学生们思考反馈。

问题引领2：在这么多声音中我们应该聆听哪些？

达成目标：学生们通过对前一阶段所列材料加以判断选择，培养判断分析能力。

分解问题2：课堂不认真聆听的现象有哪些，有哪些不良影响？

问题引领1：课堂不认真聆听的现象有哪些？

活动探究：小组自主探究，将原因写在纸上。

达成目标：学生通过自我反思和总结，加深对相关问题的理解和感触，培养了思考分析能力。

问题引领2：在课堂上不认真聆听会导致哪些不良影响？

活动探究：针对上一环节所列诸问题，小组合作、讨论并归纳；每个小组讨论上一环节诸现象中影响最不好的，并说明原因。

达成目标：使整个课堂设计具有连续性，激发学生们的反思拓展能力。

分解问题3：如何做到在课堂上认真聆听？

问题引领1：在课堂上做到认真聆听的方法有哪些？

活动探究：小组活动，讨论并推举小组成员发言，针对之前环节所列问题提出建议。

达成目标：鼓励学生说话，树立学生的课堂主体地位。

问题引领2：对课堂上没有认真聆听的同学，你想说些什么？

活动探究：小组活动，每个小组用一句话表达。

达成目标：设置开放性话题，锻炼了学生的开放性思维及表达能力。

【教学反思】

本堂班会课既有一些成功之处，也有一些不足，总结如下。

1. 成功之处

（1）选题贴近学生生活。课堂聆听是学生学习的必备素质之一，对该问题进行探究，能够使学生结合自身情况思考问题、解决问题。

（2）在教学中努力体现GLOBE的问题意识，班会课的聚焦问题为“课堂上认真聆听”，该问题又被具体分解为聆听什么、不认真聆听的影响、如何认真聆听三个问题。引入课题选取的素材是学生课堂实录，能够充分激发学生的思考兴趣，调动课堂气氛。

（3）通过对核心问题的分解，能够有的放矢、一步一步引导学生解决问题，让学生在探究的过程中培养自身的思维能力和表达能力，最终对问题的价值取向做出正确的判断。

2. 存在的问题

（1）话题过于贴近学生实际，学生对于问题非常了解，会导致提前进行下一环节的探究。

（2）由于课堂交给学生，学生自由表达探究的环节较多，时间有限，在控制时间方面仍须加强。

垃圾分类我有话说

深圳市高级中学　刘沛

【教学研究】

根据GLOBE德育课程教学法的指导思想，本节课教学从教学研究、教学过程两方面进行。利用社会经济、生态环境、资源利用等多学科知识，培养学生保护生态环境的意识，并将其落实到生活行动中，使学生成为有责任、有担当、内心丰盈、行动积极的好公民。通过问题的聚焦，提炼出核心问题。以问题引领的方式，在德育课程教学原则的指导下，让学生通过合作探究来解决问题。

本节课从多学科角度分析研究生活垃圾分类实施的内容、做法及机制，在聚焦问题的过程中，提出核心问题并加以解决。

1. 聚焦问题

2019年6月，根据国家印发的《住房和城乡建设部等部门关于在全国地级及以上城市全面开展生活垃圾分类工作的通知》，垃圾分类再次成为社会聚焦的热点，而深圳是46个垃圾分类重点实施城市之一。作为这座城市的公民，在即将到来的垃圾分类时代，为什么要分类垃圾，如何分类垃圾，迫切实行垃圾分类的意义是什么，是需要我们深入探讨和深思的问题。这也是本节课聚焦的重点问题。

2. 核心问题

通过聚焦问题，确定本节课的核心问题：为什么生活垃圾要分类?

3. 分解问题

分解问题1：生活垃圾分类的意义是什么？

学生思考迫切实行垃圾分类的原因，以及垃圾分类对人类社会及生态环境的重要意义。为了更好地解决问题，将此问题再分解为以下两个问题：

（1）生活垃圾分类的现状如何？

（2）分类生活垃圾对我们有什么影响？

分解问题2：生活垃圾可以分为哪几类？

目前，各个城市对生活垃圾分类有不同的标准，通过此问题的引领，学生一方面可以获取不同城市垃圾分类的信息；另一方面也可以进行批判性思考，提出新的垃圾分类标准，并由此思考垃圾分类催生出的新行业和新职业对我们未来生活的影响。此问题清晰明了，不再分解。

分解问题3：如何看待目前生活垃圾分类的措施？

学生通过分析目前垃圾分类的相应措施，集思广益，并运用自己的力量影响身边的人一起参与垃圾分类行动。为了更好地解决问题，将此问题再分解为以下两个问题：

（1）你认为目前垃圾分类惩罚措施和激励机制哪一种更有效？

（2）作为一名中学生，你会如何向身边人推广垃圾分类？

【教学过程】

1. 设计问题、引出课题

使用间接法引入，通过新闻视频、图片、文字的方式引出课题，从而培养学生提取信息、归纳问题的能力。

近日，国家发布了有关垃圾分类实施的通知。从通知发布到具体实施，上海只用了短短25天就进入垃圾分类时代，这也引起了社会的广泛热议。一时间，“你到底是什么垃圾？”登上了网络实时热搜，成为全社会最关注的问题之一。我们到底为什么要如此迫切地实行垃圾分类呢？

2. 解决问题

核心问题：为什么生活垃圾要分类？

分解问题1：生活垃圾分类的意义是什么？

问题引领1：生活垃圾分类的现状如何？

小组分工合作，讨论、归纳、总结。学生分为6个小组，其中3个小组讨论目前国外垃圾分类的做法和效果，另3个小组讨论目前国内垃圾分类的情况。首先，每个学生在组内分享自己平时在旅游或生活中留意到的有关垃圾分类的故事、现象或成效；再由组长总结汇总，或是挑选出最精彩的发言，通过思维导图、绘画等形式，写在白纸上进行课堂展示和分享。

教师引导：环境保护、绿色生活是一个老生常谈的话题，相信同学们在这个方面，尤其是有关垃圾分类一定有很多话想说。那么，请你回顾一下在旅行或是在日常生活中，有没有什么令你印象深刻的关于垃圾分类的现象和故事，和同组的成员一起分享一下，并请组长把分享的内容总结在白纸上。

学生活动：国外组的学生分享了他们在日本、欧洲等地关于垃圾分类的所见所闻。有学生谈到了一些国家街道上几乎看不到垃圾桶，但街道仍然十分干净，给游客留下了深刻的印象；另一些学生讲到东南亚的一些国家还没有垃圾分类的概念，垃圾遍地，居民生活质量也受到了影响。而国内组的学生则提到，在国内很多城市早就有了垃圾分类的垃圾桶，但大家在扔垃圾的时候很少考虑垃圾分类的问题，也不会按照标识去分类垃圾；另一部分学生则提到有时候并不清楚手中的垃圾该如何分类，只能随便处置了。

分享过程中，学生们风趣幽默，也提出了自己对垃圾分类问题的诸多疑惑。此问题设计的亮点在于联系了学生的生活实际，因此学生对垃圾分类的现状都有话可说，也能带出有关垃圾分类的看法和思考并锻炼归纳总结能力，并在探讨和分享中逐渐明晰问题的答案。

问题引领2：分类生活垃圾对我们有什么影响？

使用情境带入和角色扮演的方法。首先，以有关垃圾污染对南极/北极、海洋、热带雨林造成危害的图片和视频作为导入和情感铺垫。然后让学生以小组的形式，分别扮演不同的角色，从生态环境的角度共同探讨生活垃圾所带来的消极影响，并讲述自己对垃圾分类的看法。

教师引导：看来在我国，生活垃圾分类的概念和做法目前还没有深入人心，而我们如此着急地实行垃圾分类，究竟是为了什么呢？现在，让我们通过短片了解一下目前我们所处的生态环境。接下来，请你们转换一下立场，找到短片中的一个角色，用情景剧的方式向人类提出控诉和要求。

学生活动：经过热烈的探讨和角色分配，学生们或扮演北极熊、鲸鱼、热带雨林，或扮演市长、环卫工人以及中学生等角色，慷慨激昂地讲述了自己目前的立场和处境并表达了对垃圾分类的强烈愿望。

这一问题解决过程中的亮点在于学生通过转换立场，通过情景和探究的形式，批判地思考人类活动给生态环境以及人类自身带来的灾难，从而了解了垃圾分类的意义。

过渡：大自然中的生物在向人类控诉，你都听见了吗？上海从7月1日起在全国率先实行了生活垃圾分类。他们将生活垃圾分为可回收垃圾、有害垃圾、湿垃圾和干垃圾四类。而时下网上也有段子用“猪”作为标准将这四类垃圾调侃为猪能吃的是湿垃圾，猪都不吃的是干垃圾，猪吃了会死的是有害垃圾，而可卖钱买猪的是可回收垃圾。你能认同上海出台的这个垃圾分类标准吗？

分解问题2：生活垃圾可以分为哪几类？

知识竞赛，小组讨论。学生先行以小组合作形式通过知识竞赛体验上海的垃圾分类标准，在答题中思考生活垃圾应该以什么为标准进行分类。学生参考北京、成都等其他城市的垃圾分类标准，在组内形成自己小组的垃圾分类标准。对于每个小组提出的分类标准，其他组学生可以提出质疑，并说出改进和完善方案。

教师引导：假设现在你们小组要组团去上海旅游，你能按照上海的标准扔对垃圾吗？你认为生活垃圾按照什么标准进行分类是合理的，可以分为几类呢？

学生活动：通过小组竞赛的方式，学生发现依照目前上海垃圾分类标准进行分类是有一定难度的，尤其是受到先行概念导向的影响，每个小组的得分都不高。同时，在竞赛的过程中，学生们在好奇心的驱使下，提出了更多题目中没有涉及的生活垃圾，并尝试对这些垃圾进行分类。在目标制定的活动中，学生从食品、再利用等不同维度提出了不同的分类标准，虽然并不充分合理，但学生们也能有理有据地说出制定标准的理由。面对其他组成员的挑战和质疑，学生也能通过辩论的方式改进和完善自己小组的分类标准。这不仅是一个集思广益、展现自我的过程，更是培养学生倾听能力的环节。

此问题的设计在于引导学生思考标准制定的可操作性，是一项培养学生领导能力的活动。前期知识竞赛的调动、思维火花的迸发碰撞，活跃了课堂气氛，同时也引导学生开始思考分类标准的合理性，明确“混放是垃圾，分类是资源”的理念，从而逐步在讨论和辩论中提出问题并解决问题。

过渡：不同的分类标准决定了垃圾分类的不同结果，也引发了我们对产生垃圾和制造垃圾的思考。相对于上海出台的史上最严垃圾分类条例，深圳计划通过建立奖励机制的方式推行垃圾分类，你怎么看？

分解问题3：如何看待目前生活垃圾分类的措施？

问题引领1：你认为目前垃圾分类惩罚措施和激励机制哪一种更有效？

采用辩论的形式。学生按照支持惩罚措施和支持激励机制分为正反两方，正反方交替发言，每位学生发言时间不超过1分钟。

教师引导：刚才，每个小组都“出台”了自己的垃圾分类标准。那么接下来，你想通过什么措施来执行你的标准，让更多的人按照你的标准来进行垃圾分类呢？

学生活动：学生按照惩罚措施和激励机制分成了正反方进行辩论。有学生认为只有实行惩罚措施大家才会重视垃圾分类。而支持奖励机制的学生则认为惩罚措施只是让人害怕和产生恐惧，大家只会逃避惩罚，而不会积极主动参与到垃圾分类的行动中。在活动中，学生讨论热烈、金句频出，充分表达了自己对两种措施的看法。

在教育心理学中，惩罚措施和激励机制就是根据行为主义提出的正负强化的概念。两种措施并没有好坏优劣之分，因此，在辩论的过程中，学生通过正反两种观点的较量和交锋逐渐厘清自己的立场和观点，为下一个问题的解决做好铺垫。

问题引领2：作为一名中学生，你会如何向身边人推广垃圾分类？

用视频作为导入、参考，将学生分为6个小组，通过学生自选的形式，让学生将本节课所探讨的问题整合，或选取其中一个方面作为成果，向身边人推广垃圾分类的理念。

教师引导：请你协助深圳电视台向市民推广垃圾分类的理念。可以通过顺口溜、小情景剧、公益广告、新闻播报等形式，让垃圾分类的理念深入人心。

学生活动：学生在这个环节中脑洞大开，充分运用团队的力量并展现自己的能力，通过押韵风趣的顺口溜、正确和错误做法对比等方式，将自己关于垃圾分类探索的结果呈现出来。

对周围人具有影响力是学生领袖能力的重要表现之一。在此问题的领导下，学生以小组合作的形式关注身边人，并设法通过宣传的方式使垃圾分类的理念产生辐射效应，影响周围人。

小结：请学生们反思自己平常有关生活垃圾的一个坏习惯，写在一张便条贴上，同时写下自己对垃圾分类的一句承诺，并按照垃圾分类的模式，将坏习惯分类贴在黑板上相应的“垃圾桶”内。最终通过“扔掉坏习惯，生成新资源”这样一种具有仪式感的方式结束本课。

【教学反思】

1. 教学研究过程中，教师首先要自己厘清核心问题和分解问题的逻辑线索和思路，环环相扣、层层递进，以便以清晰的思路引导学生自主发现问题、解决问题。

2. 教学过程中，教师应善于通过问题引领学生，点亮智慧。通过预设的问题推进教学进程，同时也要关注课堂生成的问题。这样不仅可以调节课堂气氛，更能推动学生在课堂中主动发现问题。

3. 问题的设计应该是深刻而开放的，而不是提前预设好答案的“假问题”。教师提出的问题要能引导学生自主发现、思考、探索，而不是禁锢学生思维的。

4. 课堂时间虽然十分有限，但学生的思考和生成是需要时间的，这是精彩爆发前的沉默。因此，作为教师，应该在课堂上给予学生这宝贵的一两分钟，让他们静默地思考。我们应当尊重和珍惜课堂的沉默，以期待学生给予我们超乎想象的自我展示。

5. 应该及时记录学生的课堂表现。因为每一节课即使教师的问题引领是一样的，但学生呈现出来的学习结果都是独一无二的，都是值得肯定和记录的。教师通过记录学生课堂上的精彩瞬间，能及时调整自己的问题，以便更好地引导学生展现自我、探索自我，呈现课堂教学成果，实现预期目标。

初三学习方法的探究

深圳市高级中学　孙　薇

【教学研究】

根据GLOBE教学法的指导思想，本节课将聚焦初三开学以来学生们遇到的学习方法上的问题，并通过组织研讨活动逐一解决问题，教会学生如何在这短暂的一年、紧张的一年、非常的一年，战胜自我，找到行之有效、事半功倍的适合自己特点的学习方法。整堂课由两名同学来主持，把课堂交给学生，以学生活动为中心，充分调动学生的积极性，使课堂生动活泼、高效而富有趣味。

本节课从多学科角度分析研究不同学科的学习方法，找到相同点以及不同点，并提炼出适合学生自己的学习方法，在聚焦问题中提出核心问题并加以解决。

1. 聚焦问题

初三的第一次模拟考已经结束，成绩已揭晓，有的学生取得很大进步，有的学生停止不前，有的学生略有退步。一样的试卷，一样的教师，一样的上学，一样的教室，为什么所取得的成绩却参差不齐呢？导致成绩下降的原因有很多，今天我们重点探讨其中一个原因——学习方法不得当。失败并不可怕，只要我们善于分析和总结，最终就会取得成功。今天，我们班会的主题就是要研究探讨适合自己的学习方法，以达到提高学习效率的目的。

2. 核心问题

通过聚焦问题，本节课的核心问题如下：

核心问题1：认识初三学习的特点。

核心问题2：认识个体的生物钟。

核心问题3：不同学科的学习方法有哪些？

核心问题4：什么是好的学习方法？

3. 分解问题

核心问题1：认识初三学习的特点。

为了更好地解决问题，将此问题分解为以下两个问题：

分解问题1：与初一、初二相比，初三的学习有哪些新的特点？

分解问题2：针对这些新的特点，我们需不需要做好计划？做好计划的意义是什么？

核心问题2：认识个体的生物钟。

核心问题3：不同学科的学习方法有哪些？

这两个问题清晰明了，不再分解。

核心问题4：什么是好的学习方法？

为了更好地解决问题，将此问题分解为以下两个问题：

分解问题1：这些学习方法有什么共性和区别呢？

分解问题2：如何为自己所用呢？

【教学过程】

1. 设计问题、引出课题

我用直接法引出课题，因为这个课题与学生的学习生活息息相关，大家也很关心这个问题，于是我就安排主持人单刀直入地切入问题。

2. 解决问题

核心问题1：认识初三学习的特点

分解问题1：与初一、初二相比，初三的学习有哪些新的特点？

我采用的方式是将学生分成6个小组进行课上讨论。小组讨论后，每个组派代表在纸上写出讨论结果（以关键词的方式）。我带领全班同学一起总结出有共性的特点。这样的方式是为了让学生学会团结协作，共同分析问题。

分解问题2：针对这些新的特点，我们需不需要做好计划？做好计划的意义是什么？

我采用的方式是：将学生分成6个小组，由5个小组讨论后，每个组派代表发言。为了让学生尽快切入问题，我要求学生用简练的语言或词组来回答，由第6组将发言总结写在黑板上。通过这样的过程，学生了解到做计划以及落实计划的重要性。

学生使用的关键词有知识量大、学科内容深、系统性强。使用的关键句有制订计划、落实计划。

过渡：大家在认识了初三学习的特点后再来认识一下我们个体生物钟的差异！

核心问题2：认识个体的生物钟

我采用的方式是：将学生分为6个小组，每个小组选一名学生用简洁的语言谈谈自己学习的最佳时间，将时间写在纸上并粘贴在黑板上。

小结：将最重要的事情放在最佳时间去做，就会取得事半功倍的效果。

过渡：下面具体来分享不同学科的学习方法。

核心问题3：不同学科的学习方法有哪些

我采用的方式是：将学生分为6个小组，同时将6科的课代表分别分在不同的小组，每小组用简洁的语言分享其中一个学科的学习方法，将本小组的方法写在纸上并粘贴于黑板上。要求：每个小组找1个小组的方法进行批判，说明批判的理由，同时阐述本组的观点。

过渡：这么多的学习方法，什么才是好的学习方法呢？

核心问题4：什么是好的学习方法？

分解问题1：这些学习方法有什么共性和区别呢？

我采用的方式是：将学生分为2个大组，一个组找共性，一个组找区别，并将本组的讨论结果写在纸上并粘贴于黑板上。

其中有学生总结到：不掌握每个知识点，就谈不上掌握整体。没有相互联系的知识整体，只有零散的知识点，就是一盘散沙。同时提出利用思维导图的形式将单个的知识点串联起来，建立知识点间的联系，将所学知识系统化。这种方法适用于所有学科。

分解问题2：如何为自己所用呢？

什么是好的学习方法？适合自己特点的才是最好的。只要自己受用，能用它解决问题，习有所得，就是好方法。应当结合具体的学习内容和学生自身的个体特征，通过实践，在不断的摸索中总结而来。它应当从学习中来，而最终又回到学习中去。

我们的探讨还延伸到心态和考场技能，这也需要学习的方法。有的学生提出，参加考试要有一种积极的态度，不要给自己施加压力。临考前，不要去想考试成败将会给自己带来什么后果，尤其不要夸大考试成败的影响，要正确对待外来的压力。另外，在考试过程中，要注意答卷顺序，用先易后难的答卷法；审题要认真，想不起来的先放一放；做好后要仔细检查，更正错误。

【教学反思】

1. 主题班会课的选题要突出“小而实”，内容要贴近学生生活。本节课聚焦初三开学以来学生们遇到的学习方法上的问题，通过组织研讨活动逐一解决问题，教会学生找到行之有效的学习方法。

2. 教学过程中，让学生达到“自我教育”的目的。整节班会课让学生以小组合作的形式全程参与，自主分析、自主总结、自我批判、自我习得。

3. 问题的引领还须动态变化。课堂中，总有一些不按照设想出现的情况，需要有一定的教学智慧与机动性，根据学生的情况及时调整问题。

4. 过渡的语言设计要自然，使环节衔接紧凑。

我们都是深高人

深圳市高级中学　吴子怡

【教学研究】

GLOBE教育项目课程包括公民基本素养、开放视野、领袖情怀、全球公民身份四大方面内容，12个课程模块，43个研究方向。本节课讲授内容为“团队合作”课程模块中的“深高精神与深高人”，旨在让学生了解深高的发展历程，理解“深高精神”的内涵与重要性，践行“团结协作、勇于创新、乐于奉献”的“深高精神”。本节课将以学习者为中心，遵循GLOBE九大教学原则，以问题导向和合作探究为核心，以聚焦问题和解决问题为主线，以提高学生思维品质为直接教学目标，从教学研究和教学过程两方面实施教学。本课聚焦问题如下。

1. 聚焦问题

作为最年轻的深圳“四大名校”之一，深圳高级中学（集团）（以下简称深高）建校于1997年，2016年成立集团，现坐拥六大校区，以其快速的发展、卓越的成绩生动诠释了什么是教育界的“深圳速度”，可谓“年轻有为”。

然而有幸作为深高学子的部分学生缺乏对学校的热忱和尊重，我校每年在选拔优秀生工作中都会遇到棘手问题。就此，我选题“我们都是深高人”，让学生浅谈深高印象，并通过了解我校的发展历程和办学优势，获得身份认同感和自豪感，分享入学以来的收获和成长，激发学生对学校的感激之情、感恩之心，培养其社会责任感和作为社会公民的责任担当。通过设计“开放日宣传海报”，培养学生的综合运用和实践能力，在合作探究中使其综合素养得以提升。

与校共荣共展，是本课聚焦的核心问题。

2. 核心问题

作为一名深高学子，我们如何与学校共荣共展？

3. 分解问题

分解问题1：深高是一所怎样的学校？

分解问题2：在深高，你收获了什么？

分解问题3：作为一名深高人，你能为学校做些什么？

【教学过程】

1. 课题引入

播放校歌，创设情境，直接引入。

2. 解决问题

核心问题：作为一名深高学子，我们如何与学校共荣共展？（课堂用时47分钟）

分解问题1：深高是一所怎样的学校？

问题引领1：你眼中的深高是怎样的？

活动探究：学生根据自我感受来谈深高印象。

预期目标：通过浅谈深高印象，唤起学生更深层了解学校的兴趣。

问题引领2：深高"高"在哪儿？

活动探究：播放"深高发展"纪录片，学生一边观看视频，一边在白纸上做笔记，然后在小组内交流汇总，组间接龙抢答。

预期目标：结合视频内容和自身经历，探讨深高之"高"，培养学生的信息提取和归纳能力、对生活的观察力和感受力，激发学生对学校的认同感和崇拜感。

分解问题2：在深高，你收获了什么？

问题引领：让学生谈谈在深高都收获了什么。

活动探究：组内讨论汇总，各组粘贴白纸在黑板上。请一名学生代表对比找出各组的"共同收获"。有"特别收获"的小组进行详述或故事分享。

预期目标：在分享"收获"的过程中，学生通过反思和总结，加深了对自我的了解和认知，也激发了对老师、学校的感激之情。

分解问题3：作为一名深高人，你能为学校做些什么？

问题引领：从“现在”和“未来”两个角度选一作答。

活动探究：小组合作探究，采用演讲、绘画、采访、辩论、小品等多种形式展示。

预期目标：通过探讨如何“回报”学校，学生学会感恩，激发爱校情怀，增强作为社会公民的责任担当意识。

3. 综合运用

绘制送考图，配以应援口号，为初三、高三的学哥、学姐加油助威。（用时13分钟）

珍爱美丽地球，守护自然资源

深圳市高级中学　南旭宏

【教学研究】

1. 聚焦问题

由于人口的不断增加、资源消耗量的不断增大，加之交通、通信事业的飞速发展，宇宙空间相对缩小，人类生产活动和社会活动的范围不断扩大，资源开发利用突破了区域界限和国界，资源配置向国际化和全球化发展，从而引起了一系列的全球性问题。

为落实学生发展中的人文情怀、责任担当等学科素养及价值观的渗透，基于我校主题教育四大项目之一——国际视野（能源与环境）的培养目标，为更进一步使我校学生了解全球自然资源和环境状况，引导学生了解和践行绿色发展理念，使学生树立节约资源的意识和可持续发展的价值理念，本次主题活动课程选择自然资源短缺问题作为讨论对象。

2. 核心问题

了解全球自然资源现状并建立可持续发展的理念和行动。

3. 分解问题

作为中学生，面对自然资源短缺，有哪些思考和表现？

（通过捕鱼游戏体验，无须分解。）

【教学过程】

1. 设计问题，引出课题

我们人类赖以生存的唯一家园——地球，也有它自己的生日，为什么地球也要过生日？地球日的由来和设立的背景是什么呢？通过视频了解人类生存环境面临诸多挑战，为了引导人类的行为、呵护美丽家园设立地球日。目前，环境污染、资源短缺、全球变暖等问题已经是世界可持续发展面临的重大挑战。人类尚未解决快速发展所带来的资源枯竭与环境恶化问题。本节课我们以资源短缺问题为例，探讨资源短缺问题的根源。

2. 解决问题

问题1：初步了解自然资源的现状及原因。

问题2：资源短缺问题产生的主要原因是什么？

问题3：作为中学生，面对自然资源短缺有哪些思考和表现？

问题引领：不合理的消费观念及方式会加快资源消费，但经济发展、个体生活又离不开自然资源，怎样做既能满足经济发展的需要又能解决资源短缺问题？我们能做什么？

预期目标：解决资源问题的方式有多种，可持续发展、绿色发展方式更有效。

游戏体验、讨论思考。

游戏规则：

（1）小组代表渔村，由若干个渔民家庭组成。除组长之外，每个组员代表一个渔民，以捕鱼为生，供养一个家庭。每个人轮流在大海里进行捕鱼，每次捕鱼数量不限。每个小组成员都捕完鱼，则一轮捕鱼结束。每一轮代表一年。

（2）大海中共有32条鱼，每年（轮）捕鱼之后大海中的鱼可以繁殖一倍。

（3）游戏期间，小组成员可以交流、讨论，商议最佳的方案。游戏限时8分钟。8分钟内捕鱼最多的小组获胜。

① 为避免资源短缺，人类应当以什么观念指导自己的实践活动？

② 人类应当通过什么方式践行上述观念？

③ 结合游戏进一步思考，如果每个小组代表一个国家……

④ 如果每个小组的人口与资源数量都不一样……

⑤ 如果在大海里发现了石油，你会怎么做?

目标达成：引导学生学会在面对复杂问题时，通过理解、沟通、互助、合作等方式，做出正确的价值判断和决策，并采取有利于节约资源的行动。

3. 综合问题

（1）案例分享，学生身边的真实案例。

（2）在可持续发展与绿色发展理念的引领下，学生从生活中找到某一熟悉的资源（如矿泉水瓶）变废为宝。让学生秀秀自己的小创意，并为大家分享它的设计用途。

（3）总结提升。

孝亲尊师

深圳市高级中学　张文娟

【教学研究】

1. 聚焦问题

中国历来有“礼仪之邦”之称，历代的读书人都很注重道德和情操的培养。讲礼貌不仅仅是一个形式，更要内化为个人素质，要晓之以“礼”，才能导之以行。“百善孝为先”“孝乃德之本”，孝敬父母是我们中华民族的优秀传统，我们应当继承和发扬。尊师重教是中华民族的传统美德，其本质是尊重知识、尊重教育、尊重人才。对青少年进行尊师重教教育，这是人类生存、发展和社会文明进步的需要。

明礼，作为公民基本道德规范的一条，是做人的起点。

如何做到明礼？孝敬父母是我们做人起码的道德。尊敬师长是中华民族的优良传统，也是我们应当具备的优良品德。

我们该如何做？

2. 核心问题

如何认识和力行“孝亲尊师”？

3. 分解问题

分解问题1：为什么要孝敬父母？

分解问题2：你们认为孝敬父母的表现有哪些？

分解问题3：孝敬父母，我们必须做到哪些方面？

分解问题4：为什么要尊敬老师？

分解问题5：你认为尊敬老师的表现有哪些？你以前有过哪些不尊重老师的行为？

分解问题6：我们该如何尊敬老师？

【教学过程】

1. 课题导入

导入：观看视频《跪羊图》。“百善孝为先”，这是我们中华民族的优秀传统，为世人所称道和敬仰。古往今来，有多少文人墨客留下经典之作，像《三字经》之类的作品小孩都能朗朗上口。有时虽不求甚解，但熟背后，却可以作为一种文化去终身消化、理解、受益。下面请同学们齐诵《游子吟》。

2. 解决问题

核心问题：如何认识和力行“孝亲尊师”？

分解问题1：为什么要孝敬父母？

活动探究：分组讨论展示，选取优秀代表进行解说。

达成目标：“谁言寸草心，报得三春晖。”最能激起我们心底深深的感恩之情的莫过于我们的父母亲。不论我们走到哪里，不论我们有多大年纪，在父母心中，我们永远都是最可爱、最需要保护的孩子。我们不断接受着父母亲给予我们的无私的爱。当我们坐在教室里学习时，父母在忙什么？当我们坐在桌边吃着好饭、好菜时，他们又在忙着什么？同学们，在我们平淡的日常生活中，我们的爸爸妈妈除了要为我们做许许多多生活琐事，还要为了家庭辛勤地工作，这其中蕴藏着多么深厚的爱啊！点点滴滴都是情，只要我们有一颗细腻的心，仔细去体会，慢慢去感受，我们就会明白：我们生活在爱的海洋里。

分解问题2：你们认为孝敬父母的表现有哪些？

活动探究：分组讨论展示，选取优秀代表进行解说。

达成目标：尊敬父母。

分解问题3：孝敬父母，我们必须做到哪些方面？

活动探究：分组讨论展示，选取优秀代表进行解说。

过渡：父母把我们送入知识的殿堂，我们沐浴着师恩的阳光，我们像小鸟一样展翅飞翔，无论暴风骤雨，是老师赋予了我们顽强的斗志，鼓励我们勇往直前。

分解问题4：为什么要尊敬老师？

活动探究：分组讨论展示，选取优秀代表进行解说。

达成目标：每天清晨，同学在校园遇见老师亲切地问一声：老师，早上好！教师节，同学们会向老师送一张精美的贺卡。这一声声亲切的问候、一张张美丽的贺卡，都折射出中华民族优秀传统在当今时代所绽放出的绚丽色彩。

下面还是请同学来说说老师使你感动的故事。有哪位同学愿意来谈谈，让我们和你一起分享你的故事。（预先请学生写下材料，主持人了解。）

分解问题5：你认为尊敬老师的表现有哪些？你以前有过哪些不尊敬老师的行为？

活动探究：分组讨论展示，选取优秀代表进行解说。

达成目标：有时在校园里碰到老师觉得有些不好意思，就低着头从他身边走过，没有和他打招呼，这是对老师不礼貌的表现。在校园里一定要主动向老师问好，不管他是不是我们班的任课老师，都要有礼貌。

当我们犯了错误，受了老师的批评，总是不服气，有时还要顶撞老师。其实我们错了。老师批评我们、教育我们，都是在教我们做人的道理。以后我们一定虚心接收老师的批评教育，并积极改正错误。

我有时上课不认真听讲，经常开小差；有时还讲话，影响课堂纪律和老师的讲课。这是对老师劳动不尊重的表现。今后我们应该上课专心听讲，独立思考，积极举手发言，认真完成作业。这是对老师最大的尊重。

过渡：是的，当我们刚入学还不懂事的时候，是老师从细小的事情入手，耐心地指导我们如何做人、如何做事。当我们犯了错误或彷徨无奈的时候，又是老师循循善诱地启迪我们。老师仿佛是在我们的心灵深处点燃了一盏明灯，把我们引向光明的彼岸。如果说学校是知识的源泉，那么我们在学习知识的过程中最离不开的就是老师。

分解问题6：我们该如何尊敬老师？

活动探究：分组讨论展示，选取优秀代表进行解说。

达成目标：老师们无私奉献、不图回报、爱岗敬业、安贫乐道、甘为人梯、愿做牛马的精神是永远值得我们学习和爱戴的。所以我们要尊敬老师，热爱老师！但尊师重教不是一句口号，而是实实在在的行动；它也不仅仅是教师节才有的专利，而是要落实到日常生活中。许多同学在教师节给老师送上贺卡以表心愿。其实，尊师不在于这些，而在于我们同学的头脑中是否时刻都有这样一个意识，在于是否将这种意识融于自己的一言一行中。信任老师，就要努力学好每一科，尽自己的全力获得好成绩。学习好的基础是虚心，这样才可以敞开怀抱接受新事物。我们的老师有多年教学经验，他们的要求都有目的，他们出的习题都有目的，但他不会和你讲。只要你依教奉行，百分百地完成，就一定会有出乎意料的收获。除了学习，我更应该说的是老师对我们的教导、要求都是他在人生和教学中积累的智慧的总结。有的同学自认为有个性，很有自尊，对老师的话听不入耳，甚至反感，却不知这正是你成绩下滑的时候。有心的同学细心品味老师的话，反复思索老师的话，因而时时进步。这正是因为他信任老师。

3. 综合运用

内容要求：用你们的一言一行来表达对父母的孝敬和对老师的尊敬。

活动设计：力行孝亲尊师，然后记录，与同学分享。

达成目标：欣赏中央电视台广告“妈妈，请洗脚”。

做文明守礼的中学生

深圳市高级中学　敖　宁

【教学研究】

从文化、经济、政治等多角度去培养学生文明守礼、和谐共处的社会主义核心价值观。通过问题的聚焦，提炼出核心问题，以问题引领的方式，在GLOBE教学原则的指导下，让学生通过合作探究来解决问题。

本节课从多学科角度去分析研究文明礼仪的内容、意义以及目前存在的问题，在聚焦问题中，提出核心问题并加以解决。在引导学生思考的过程中提出解决的方法，提高学生的文明修养，为创建和谐文明的社会做出贡献。

1. 聚焦问题

文明守礼是21世纪社会主义核心价值观的主要内容之一。信息时代已经来临，人们越来越热衷追逐经济价值，却忽视了精神家园的建造，社会上出现了越来越多的自私、不文明以及人情冷漠的现象。我选取现实生活中与民众生活密切相关的文明交往课题进行探究，与学生一起分析文明交往的现状，探讨如何减少甚至杜绝不文明现象。作为中学生，在家庭、学校和社会的人际交往中如何做到文明守礼，做一个道德守法的公民，是本节课聚焦的重点问题。

2. 核心问题

通过聚焦问题，本节课的核心问题总结如下：作为一个中学生，如何做到文明守礼，从而培养良好的社会主义核心价值观？

核心问题1：了解文明守礼的含义。

核心问题2：在现实的人际交往中，有哪些不文明现象？有怎样的不良影响？

核心问题3：如何在家庭、学校及社会交往中减少不文明现象，养成文明守礼的习惯?

核心问题4：作为中学生，你将为社会主义文明和谐社会做些什么?

3. 分解问题

核心问题1~3：清晰明了，无须分解。

核心问题4：作为中学生，你将为社会主义文明和谐社会做些什么?

此问题关乎人文素养及社会主义核心价值观，可分解为以下两个问题:

分解问题1：你如何看待社会主义核心价值观?

分解问题2：你如何倡导文明守礼的道德风尚?

【教学过程】

1. 设计问题、引出课题

孔子曰："不学礼，无以立。"中国自古以来就是礼仪之邦，文明礼貌是中华民族的优良传统，文明守礼是中国五千年来一直秉承的精神。作为新一代的青少年，我们不能忘记传统，应该力争做一个讲文明、懂礼仪的好学生，让文明之花常开心中，把文明之美到处传播!

接下来，我们来看两组图片，请同学们看完后思考一下，你从中得到什么启示?

2. 解决问题

核心问题1：了解文明守礼的含义

我采用的方式是课前调查，将学生分成6个小组，每个小组去观察、搜集学习生活中有哪些文明现象。课堂上每个小组派1名代表陈述本组观察到的现象，并陈述这个现象产生的原因及利弊。采用这样的方式是为了让学生学会团结协作、共同解决问题，培养学生从书本、课堂走出来，仔细观察生活，运用分析概括的手段解决问题的能力。

在实施过程中，通过小组合作和思维碰撞，小组学生能正确快速地归纳出问题——文明守礼的含义及表现。这对学生的综合素养提出了挑战。我启发学生动脑、动口，实行分工合作的方式来解决问题。

在实施过程中，课前：学生全员参与，热情高涨。

课中：小组长胸有成竹、声色并茂地讲解小组成员对于文明守礼的理解。列举学校里文明守礼的表现，如“见了老师鞠躬问好”。在讲解的过程中，小组长一边阐释观点，一边做模仿动作。

通过这样的过程，学生了解文明守礼在给人们生活带来舒适、愉悦的同时，也为社会主义和谐社会的建设做出了一定的贡献。

过渡：文明守礼的倡导给个人和社会都带来了益处。讲文明、讲礼仪，不仅可以让你获取更多的友谊、加深亲人之间的感情，而且可以提升个人的素质，促进和谐社会的发展，让我们的国家走向文化的昌盛与国力的强盛。但是，在我们的身边，甚至在你的身上，有没有不文明的现象呢？

核心问题2：在现实的人际交往中，有哪些不文明现象？有怎样的不良影响？

该问题涉及的范围比较广，思路较多，为了让学生能简明扼要地回答问题，我采用的方式是将学生分成6个小组，每2个小组为一组合，分别从现象、影响等方面回答问题。不讲文明的行为是可耻、可恨的，无论是在家庭生活中，还是在学校、社会交往中，文明守礼始终是友好交往的基础。

学生总结的不文明现象各种各样。比如，在家里对父母语气不友好，不尊敬老人；在学校里说话随意，对同学恶语相向；在社会交往中，漠视需要帮助的人，随意吐痰、丢垃圾，鄙视扫大街的老人；等等。

学生在一边思考一边汇报的过程中，对文明守礼的情感投入越来越多。有学生在汇报中对于不文明的行为表示深恶痛绝，甚至认为这是“没有素质”“社会败类”的表现。学生深刻认识到了文明礼仪的重要性，大家一起达成社会主义核心价值观的共识，提高了自身的人文素养。

社会主义核心价值观已经深入人心，在当代的精神文明建设中，大部分公民都能自觉处理好自身与社会之间的关系，遵循“明德守礼，三好公民”的理念。那么如何在家庭、学校以及社会交往中减少不文明现象，养成文明守礼的习惯？我们大家又有什么想法呢？

核心问题3：如何在家庭、学校及社会交往中减少不文明的现象，养成文明守礼的习惯？

给学生呈现几张照片，分别是中午食堂插队打饭、集合时争先恐后地下楼、家中与父母争吵、马路上看到有老人摔倒却不扶起的照片。

在课堂上，学生通过小组合作探究开放思维，集中小组的力量与智慧，逐渐完善答案。有的小组提出在家里可以和父母“约法三章”，若出现言语或行为上的不当之处要罚做家务活；有的小组建议班级同学之间互相监督，若有不文明的行为要打扫卫生一周；还有的小组提出若是在社会交往中没有人监督制约的情况下，则要靠自觉性，可以每做一件帮助他人的好事奖励自己一个小礼物。通过学生们提出的五花八门的对策我发现，在这堂班会课中，学生们已经明白文明守礼的影响，知道遇到不文明的现象该如何去处理。

在此环节，小组与小组之间互相认同与批判；小组成员间互相团结合作，拧成一股绳维护本组观点。学生们在紧张而又活泼的气氛中，打开思维的大门，进行头脑风暴，各种新奇又有创意的点子竞相迸发，既开阔了学生视野，培养了学生的辩证思维和批判性思维，又提高了学生发现问题、解决问题的能力。

核心问题4：作为中学生，你将为社会主义文明和谐社会做些什么？

分解问题1：你如何看待社会主义核心价值观中“文明”的含义？

我采用的方式是各抒己见，要求学生结合实际和自身的经历来阐释观点、分析问题，此方式可培养学生归纳总结的能力。

学生在阐述的过程中，既能谈到对文明守礼观点的理解，也能结合亲身经历谈现实问题，并结合实际情况提出解决的办法。

分解问题2：作为中学生，你如何倡导文明守礼的道德风尚？请设计一份手抄报。

我采用的方式是：6个小组合力将手抄报图文并茂地呈现在纸上，并粘贴在黑板上。要求每一小组完成后，将手抄报的内容讲给大家，要求清晰、有逻辑、生动又形象。设计这一环节的目的在于培养学生运用多学科知识解决问题的能力，让学生树立和谐社会的观念和博大的胸襟，为精神文明建设做出自己的贡献。

在整个环节实施的过程中，学生们的表现出乎我的意料，让人很是惊喜。特别是在相互点评与批判的过程中，讨论和辩解非常热烈。还有最后制作手抄报的过程，有的学生绘画能力强，有的学生想象力丰富，有的学生文采很好，大家将图画和文字展现得非常切合主题，讲解也很生动形象。

核心问题4的实施与解决过程给了学生一个自由发挥的空间，使他们的思维得到启发与提升。

小结：最后，全体学生一起大声朗读文明礼仪三字经。

在学生的朗读声中，本节课的所有内容到此结束。学生的情感此时犹如快要喷涌的火山，爆发出来便滔滔不绝，一种争当文明守礼中学生的情感想必也一样到达了顶峰。

【教学反思】

1. 在教学研究的过程中，要明确自己的班会课主题，明确核心问题，通过聚焦问题、分解问题，将本节课的目的一层一层地推出来，通过文字的方式表达出来。

2. 在教学过程中，本节课要抓住的核心词就是“文明”，即如何在快速发展的信息时代，在人们面对面交往越来越少的时代，做到文明守礼、和谐共处。本节课设计了一个学生为倡导文明守礼的道德规范而制作手抄报的环节。因为此环节具有开放性，所以小组能充分运用多学科知识，充分调动各成员的积极性，一边绘画，一边写倡导语。“文明守礼伴我行！”“倡导真善美，远离假恶丑！”“文明伴我成长，我让文明传扬”“文明守礼，学礼立身”等口号传达了学生们的心意。

3. 在教学内容上，本节课因为时间有限，只是从家庭、学校、社会三个角度阐释了文明守礼的重要性，探讨这三种环境下存在的不文明现象，并提出解决的对策。其实，要真正做到文明守礼，创造和谐社会，单靠学生的力量是不行的，还需要家长、老师甚至社会工作人士一起努力才能实现。这也是精神文明建设、社会文化建设的一个重要组成部分，有关部门也要制定出一定的规章制度来加大对社会的管理。

4. 在学习方式上，本节课通过小组合作探究、课前调查研究等方式，解决了文明守礼含义的问题；分析不文明现象的影响，培养了学生的辩证思维；从多角度出发减少甚至杜绝不文明现象的发生，培养了学生的创新精神；倡导作为公民，要为文明社会做出自己的贡献，培养了学生文明守礼的社会主义核心价值观。

有序、高效的答疑课，你值得拥有

深圳市高级中学　曾桂花

【教学研究】

1. 聚焦问题

本学期在年级开展每日辅导答疑课，由于每位老师同时看管不少于两个班的学生，精力无法集中于某个班级，加上初三（16）班学生的自主学习意愿、规则意识都比较薄弱，该班答疑课课堂纪律让人担忧，无法保证安静、高效的学习氛围。本班会聚焦问题如下：

（1）帮助学生认识到答疑课的益处，客观分析答疑课喧闹的弊端及缘由，让学生意识到创设时空主动学习的好处及自己无意而为的一个小举动给他人带来的困扰；时刻提醒自己珍惜资源并不给他人添麻烦，做一个心中有他人的人。

（2）培养学生分析问题、解决问题及自省的能力。

（3）通过班规的制定，培养学生的契约精神。

2. 核心问题

核心问题1：认识辅导答疑课。

核心问题2：辅导答疑课喧闹的弊端与缘由是什么？

核心问题3：我们可以采用哪些措施来避免此类事件再次发生？

3. 分解问题

核心问题1：认识辅导答疑课。

进入决策层看问题，应将此问题分解为如下两个小问题：

分解问题1：本学期学校开设辅导答疑课的初衷是什么？

分解问题2：我们能从答疑课课堂收获什么？

核心问题2：辅导答疑课喧闹的弊端与缘由是什么？

用迪士尼策略的“评论家”角色客观看待存在问题，寻找解题突破点，可将此问简单分解为弊端和缘起。

分解问题1：答疑课喧闹会给我们带来怎样的困扰？

分解问题2：课堂喧闹弊大于利，缘起何处？同学们合力找出原因。

核心问题3：我们可以采用哪些措施来避免此类事件再次发生？

用迪士尼策略的“梦想家”（第三人称）、“实践家”（第一人称）、“评论家”（第二人称）三角色循环寻找解决路径。简单分解为建议和循序完善。

【教学过程】

1. 播放班级答疑课视频，引出课题

问题引领：观看了视频你有何感想？你会喜欢这样的课堂吗？

活动探究：学生观看视频，自由答问，各抒已见。

达成目标：通过观看视频，以第三方视角看待自己的身边事，触发学生对答疑课课堂喧闹弊端的思考。

2. 解决问题

核心问题1：认识辅导答疑课

分解问题1：本学期学校开设辅导答疑课的初衷是什么？

采用课前调查，课上汇报展开。

将学生分成3个小组，1个小组负责采访教学处负责人、年级长、年级教师的观点理由；1个小组采访同年级不同班级同学的看法；1个小组负责汇总提炼调查结果，制作PPT，并派代表在班上展示汇报。学生团队协作，共同从多角度看清问题。

分解问题2：我们能从答疑课课堂收获什么？

自由发言，板书者将要点如实记录于黑板。

核心问题2：辅导答疑课喧闹的弊端与缘由是什么？

活动探究：各抒已见，板书者将要点如实记录于黑板。

达成目标：帮助学生意识到喧嚣的课堂氛围让自己深受其害，从而增加代入感。

活动探究：自由发言，教师将要点如实记录于黑板。教师和学生一起对各种原因进行归类。

达成目标：培养学生分析问题的能力。通过回顾自己的言行、倾听他人的想法，自省自己是否也有此类增添他人麻烦的行为，警示自己日后不重蹈覆辙。

核心问题3：我们可以采用哪些措施来避免此类事件再次发生？

问题引领：既然课堂喧闹弊大于利，而且我们知道缘由所在，那么我们应该如何避免此类情形再次重演呢？

活动探究：将学生分成6个小组，组内自由讨论，并将讨论结果写在大卡纸上，张贴于黑板供全体师生思考、选择。最后投票选出得分最高的三条进入“迪士尼策略”。自我完善环节，每2个小组合并，共分3大组，分别承担“梦想家”（第三人称）、“实践家”（第一人称）、“评论家”（第二人称）三角色，进入“梦想蓝图描绘”—“具体实践方案”—“批判找漏”的内循环，一直到“评论家”找不到纰漏为止。

最后将三条带有具体实施方案的提案定名为“初三（16）班答疑课行动准则”。全班学生及班主任签名承诺遵守公约。

达成目标：集思广益，自己解决问题；对他人观点保持尊重，对事不对人，客观公正地评判，并礼貌给予建设性意见；签名承诺，信守公约。

【教学反思】

初三下学期，学生们无论是体力还是精神都已经相当乏累，故将学校在每日正常9节课的基础上再外加一节辅导课理解为“过度压榨”。“既然无法违背规则，不能逃课，那我就用我自己的方式来表达不满……”

面对班级学生出现此类现象，我没有任由自己凭第一反应简单地说教，而是给自己冷静期，随后用心设计了符合他们追求民主、自主权利的满足其内在需求的系列问题，引导他们逐层拨开事物表象，慢慢触碰事物的本真面貌。在此过程中，他们也收获了一种解决问题的全新模式——遇到困难时，可以扮演梦想家、实践家、评论家的角色，让自己得到一个相对比较理想的解决方案。

通过本次班会的实施，学生跳出自己的角色思考，比较客观地理解老师们愿意推迟下班时间，陪伴学生答疑的良苦用心。当然，他们的一些合理诉求若能系统成文，以书面形式上交学校，而学校能客观聆听，并在调研后做一番适当的调整，或许，我们所有的努力都会更有落地的可能，也容易事半功倍。

引航生涯规划，绽放“生命之花”

深圳市高级中学　张楠楠

【教学研究】

1. 聚焦问题

“未来，我将朝着哪个方向走？”在新高考改革中，学生直面生涯规划问题。新高考将更多的选择权交给了学生，打破了以往被动选择的现状。但无论是课程选择还是专业选择，学生应具备选择能力，科学合理地进行选择。新高考考查学生感兴趣的学科，因此在初中就要培养学生的兴趣爱好，引导其认识自己的兴趣和能力，学会把兴趣转变为学科优势、职业目标和事业追求。我选取和学生未来紧密相关的生涯规划进行探究，通过初识生涯、认识自我、探索自我、规划自我，以及以生涯规划教育为抓手，引导学生挖掘自己的兴趣爱好，明确自己的学习方向，为下一阶段的学习提供动力。这也是本节课聚焦的重点问题。

2. 核心问题

本节课的核心问题如下：

核心问题1：认识生涯规划。

核心问题2：在生涯规划过程中，如何认识自我？

核心问题3：认识了自我，结合初中生身心发展特点和目前所学习的学科，谈谈如何进一步探索自我。

核心问题4：“未来，我将朝着哪个方向走？”作为一名初中生，该如何规划好自我？

3. 分解问题

核心问题1：认识生涯规划。

涉及多角度知识及学生的实际需求，为了更好地解决问题，将此问题分解为以下三个问题：

分解问题1：为什么初中生需要做生涯规划？

分解问题2：生涯规划的概念及相关理论有哪些？

分解问题3：生涯规划的常见实用工具有哪些？

核心问题2~4：清晰明了，无须分解。

【教学过程】

1. 设计问题、引出课题

用间接法，通过观看视频及图片资料的方式引出课题，引导学生思考与讨论，从而培养学生提取信息、认识问题、归纳问题、分析问题的能力。

设计此课题是因生涯规划在新高考背景下将与学生的未来学习和发展紧密相连。

2. 解决问题

核心问题1：认识生涯规划

分解问题1：为什么初中生需要做生涯规划？

我采用的方式是课堂讨论，通过观看视频《你最后悔的是什么事》与新高考的介绍资料，引导学生讨论，为什么初中生需要做生涯规划。将学生分成6个小组进行小组讨论，然后小组汇报。这样做是为了让学生学会团结协作，共同解决问题。

学生在实施过程中，能够进行小组讨论分析——为什么初中生需要做生涯规划，归纳出初中生做生涯规划的原因。

过渡：我们都不想让自己的人生后悔，也知道了生涯规划对我们的人生有很大益处，那么到底该如何规划才好呢？

分解问题2：生涯规划的概念及相关理论有哪些？

我采用的方式是讲述法，通过图片及文字形象展示生涯规划的出现背景、概念定义、相关理论，让学生初步认识生涯规划，并进一步引导出实用的生涯规划工具。

学生在实施过程中，通过图片和文字的形象介绍，能够初步了解生涯规划相关概念及相关理论知识。

过渡：既然我们知道了生涯规划出现的背景、概念及相关理论，那有对我们初中生比较有用的生涯规划工具吗？

分解问题3：生涯规划的常见实用工具有哪些？

规划人生，成就未来——绘制“生涯彩虹图”。

展示学生自制的生涯彩虹图，让学生了解生涯彩虹图是什么以及生涯彩虹图的启示。

“预则立，不预则废。”初中阶段是一个特殊的成长阶段，我首先给学生讲了初中生生涯规划的现实意义，然后介绍了舒伯的“生涯彩虹图”——一个多重角色生涯发展的综合图形。舒伯认为个人在发展历程中，随年龄的增长而扮演不同的角色，如子女、学生、休闲者、公民、工作者、持家者六个不同的角色，他们交互影响交织出个人独特的生涯类型。

每一个阶段对每一个角色投入程度可以用颜色来表示，颜色面积越大表示该角色投入的程度越大，空白越大表示该角色投入的程度越小。作用是让学生对自身未来的各阶段进行调配，做出扮演各种角色的计划和安排，使学生成为自己的生涯设计师。正如《钢铁是怎样炼成的》所说“人最宝贵的东西是生命，生命对于人只有一次。一个人的生命是应该这样度过的：当他回首往事的时候，他不会因虚度年华而悔恨，也不会因碌碌无为而羞愧”。在这个环节引导学生对自己的一生有一个思考，对自己的各年龄段有一个规划安排，有利于他们的成长。

职业生涯是个人生涯的重要组成部分，通过现场调查，班里还有近半的学生对未来的职业选择比较茫然。著名的Holland职业兴趣岛测试，可能是现有的最权威的测试类职业导向分析了。它可以测试我们究竟更适合从事哪方面的职业，在哪方面更容易成功！方便大家对自己未来的事业提早做好准备和规划！Holland职业兴趣岛包括六个岛屿，分别为A岛——“美丽浪漫岛”、C岛——“现代井然岛”、E岛——“显赫富庶岛”、I岛——“深思冥想岛”、R岛——“自然原始岛”、S岛——“温暖友善岛”，分别代表着六种典型的职业生涯兴趣类型。

学生在实施过程中，通过图片和文字的形象介绍，能够初步了解生涯规划常见工具知识。

过渡：我们认识了生涯规划，该如何认识自我呢？

核心问题2：在生涯规划过程中，如何认识自我？

将学生分成6个小组，学生可到自己感兴趣的岛屿，各小组将各自的兴趣写在大纸上并粘贴在黑板上。1个小组成员进行阐述，另外1个小组成员补充说明。通过这个环节，学生初步学会认识自我。

为了让学生更深入地认识自我，我采用的课堂方式是活动体验与游戏。结合霍兰德职业兴趣理论，通过妙趣横生的游戏，帮助学生进一步认识自己的性格特点与职业倾向。将霍兰德代码（Holland Codes，RIASEC）的六种个体类型比喻成六个各具性格特质的岛屿，让学生通过对岛屿的选择，洞察自己真正的性格类型、兴趣爱好和职业倾向；帮助学生发现自己的优势，发挥自己的优势，有针对性地弥补相应的短板，把握好职业定位和方向。

在教学实施过程中，在教师的指导下，学生们迫不及待地奔向自己心仪的岛屿，各岛小组成员激烈讨论，一起总结共性。特别有趣的是：秩序岛（C常规型）的组员首先坐下来开始讨论，这个类型的人“喜欢组织与秩序、尊重规则和秩序、做事有条理”的性格特质展现无遗。另外一面，美丽岛（A艺术型）的组员欢快而又激烈地讨论，几乎到了鼎沸的程度。岛屿的思维图被画上了多彩的花朵，具有“想象力丰富，追求美的价值，不喜欢规则性、组织性的约束，有强烈展现自己主张”的倾向。经过一一小结和点评，学生们都非常认同自己的选择和自己的主要性格倾向，结合“工作世界地图”了解到不同的兴趣特点和适合从事的相应职业。

为了让学生更全面、清晰、准确地定位自己的兴趣特点，我还专门为班级学生设计了“霍兰德职业倾向测评量表”，帮助学生更深地发掘自己的兴趣倾向，更清晰地了解自己的兴趣类型和在职业选择中的主观倾向，尽早认知自我，发挥优势、补齐短板。

过渡：通过分析讨论和职业测评，你们都认识到自己了吗？那么我们现在该做什么呢？

核心问题3：认识了自我，结合初中生身心发展特点和目前所学习的学科，谈一谈如何进一步探索自我（课堂用时：22分钟）

为了直观具体地让学生理解此问题并准确地切入现实，我以小组合作的形式不断引导学生运用跨学科知识，从现实需求方面思考并探索自我。

根据生涯规划发展理论，我以类比霍兰德兴趣岛的形式，将中考科目语文、数学、外语、化学、物理和历史等转化为文学镇、数宫镇、外国友人镇、化工镇、格物镇、考古镇等，将小镇文化特色与学科特色融合在一起，以小组合作为形式，以游戏活动为载体，完成一次特色小镇的人才招聘会。

最后教师点评、总结提升，一气呵成，显得有力度、深度、广度，更有温度。有多个小组的招聘活动非常新颖。其实这是一个社会理解和探索、生涯规划与管理的过程。生涯规划教育在初中学段要求学生制定具体的学业规划和升学途径，初步学会决策技巧，能根据自己的实际情况做出明确的选择，如中等职业学校、普通高中、五年制大学、留学等，并做好计划。对于将来进入普通高中的学生而言，要对新高考改革方案有初步的了解，对高中选科有具体的知情及科学的选择。

教学设计：本堂课通过特色小镇模拟人才招聘的形式和视频展示学长、学姐生涯规划的现实案例，很好地完成了主题班会课的教学目标，对中考学科与未来专业、职业的关系进行了有效的探索，并进行各种信息的整合，挖掘学生的各种潜能。另外，本堂课的设计思路清晰，以任务驱动教学的方式，从学生自主性出发，将核心任务分解为各个小环节，一步一步地递进。

核心问题4：“未来，我将朝着哪个方向走？”作为一名中学生，该如何规划好自我？

我采用的方式是活动体验，让学生结合自己的兴趣对未来进行畅想。

职业生涯幻游。

放松指导语（伴轻音乐）：尽可能放松，使自己能舒服地坐在椅子上。现在，闭上眼睛并完全放松自己，舒缓你的呼吸，看看身体还有哪些地方很紧张。请放松、放松、再放松，现在，想象自己经由时空旅行来到十年后的世界。想象十年后的你是什么样子，你在做什么，你周围是些什么样的人。好，我们回到现在，回到学校及教室里。好了，你回来了，开始看看这周围的一切。欢迎你们旅游归来。

彩绘职业人生。

指导语：好了，你回来了，开始看看周围的一切，请你不要说话，用画笔或文字把刚才的旅途心境与感受描绘出来。请写好“我的十年规划卡”，然后由每个小组代表展示个人未来的十年规划。既要仰望星空，也要脚踏实地；既要展望未来，也要关注当下。最后老师代为收好，放进“时间银行”珍藏。

分享：十年后的我从事的工作（含读书）的描述（多媒体展示）。

实施的效果让人惊喜连连，感动万分，我看到每个学生对自己未来的美好探索和规划。

教学设计：通过职业生涯幻游，增强学生的自我认知，并结合职业生涯规划原则，让学生在教师的引导下尝试初步建立职业生涯规划，实现课程的升华。

【教学反思】

1. 教学研究过程中

作为师者，一定要把问题研究清楚，问题聚焦要全面，要在生涯规划的理论基础之上，结合初中生身心发展特点聚焦问题和分解核心问题。

2. 教学内容上

本节课因为时间有限，只能比较浅薄地探讨生涯规划教育。生涯规划教育是一个系统工程，生涯规划教育基本内容一般分为自我认识与发展、社会理解与探索和生涯规划与管理三个方面。在中学教育实践过程中，开展生涯规划教育目的在于让学生探索未来人生的各种可能性。三个基本内容的落实不是一堂课就能完成的，需要润物细无声地在教育过程中去渗透，就如农夫种植庄稼一样，慢慢地耕耘。只有经过春种的艰辛和仲夏的培育，才有秋收的喜悦。

3. 在学习方式上

本节课以小组合作探究、游戏活动体验、职业幻想等方式，让学生初探生涯、认识自我、探索自我、规划自我，从而引航生涯规划，绽放“生命之花”。

这次班会课的对象是初一的学生。根据舒伯的生涯发展理论，人的发展分为成长、探索、建立、维持和衰退五个阶段，而初中生正处于成长阶段中的兴趣期（11~12岁）、能力期（13~14岁）。因此，初一学段重在提高学生的兴趣。舒伯强调，成长阶段的主要任务是发展积极的自我概念，对工作世界有正确的态度，开始理解工作的意义，理解人生的各种角色。梦想和需求是这一阶段学生的主要特质。

垃圾分类，绿色生活

深圳市高级中学　韦　茜

【教学研究】

1. 聚焦问题

本课立足培养学生的“领袖情怀”，提升责任担当意识。

垃圾分类是人们环保意识不断增强背景下的产物。垃圾分类利国利民，每个市民都要参与。聚焦问题如下：

聚焦问题1：学生以分类学、统计学为基础，在课堂上进行垃圾分类（用道具），并结合数据了解垃圾分类的普及现状，培养生活素养，了解我国勤俭节约的传统文化。

聚焦问题2：学生结合物理、化学、道德与法制等学科知识了解垃圾分类现存问题。

聚焦问题3：学生结合社会学、设计学、美术、心理学等学科知识，在提出可行的推动垃圾分类策略的小组活动中，培养批判性思考能力、价值判断能力、阅读与演讲能力、合作与交往能力、创新与创造能力。

聚焦问题4：学生结合生物学科知识、世界环境与发展委员会发表的环保报告，培养国际化思维。

聚焦问题5：学生通过小演讲活动培养表达能力，树立责任意识、未来意识。

2. 核心问题

核心问题1：了解垃圾分类的现状。

核心问题2：了解垃圾处理的现存问题。

核心问题3：多角度思考推动垃圾分类的策略。

核心问题4：了解垃圾分类的提出背景，总结课堂收获。

【教学过程】

1. 设计问题，引出课题

看PPT，请同学们看黑板和图片，这是什么？（分类垃圾箱）

过渡：看来大家对此并不陌生，现在班级分成6个小组，每个小组领取4~5个垃圾卡片，请小组在20秒内决定并将垃圾投入相应的垃圾桶内。试着将手中的垃圾投放进四个颜色的垃圾分类箱中。

2. 解决问题

核心问题1：了解垃圾分类的现状

问题引领：你能把桌上的垃圾卡片准确投放进不同的垃圾桶吗？

活动探究：垃圾分类小游戏。分析家长问卷反馈的数据。

达成目标：现场验证，计算成功率，检验学生的垃圾分类能力，让学生迅速进入课题。

其实大多数人都有垃圾分类的能力，大家有能力但分类的意识和行动力不足。

过渡：请大家回忆一下，在现实生活中，你是怎么扔垃圾的呢？这些垃圾后面被怎么处理了呢？

核心问题2：了解垃圾处理的现存问题

（视频分享：我国的垃圾处理现状。

资料分享：可回收垃圾的巨大回收价值，有害垃圾的巨大危害。）

达成目标：了解不进行垃圾分类可能存在的隐患以及垃圾分类的必要性。

面对以上问题，了解我国推行政策：国家发改委、住房和城乡建设部发布《生活垃圾分类制度实施方案》。

过渡：2017年3月底，国家发改委、住房和城乡建设部发布《生活垃圾分类制度实施方案》，要求全国46个城市先行实施生活垃圾强制分类，深圳是其中之一。同年5月，深圳市召开推进生活垃圾强制分类工作现场会，这标志着我市生活垃圾分类将从以往的鼓励为主转变为全面强制。

问题引领：想一想，强制推行了一年的生活垃圾分类，分类习惯和意识似乎并没有完全渗透到每个人的意识里，原因是什么？

活动探究：小组讨论分析原因。

达成目标：5个小组分别以市民、社区、城市管理者、垃圾桶设计者、垃圾处理企业等身份分析问题。另外1个小组负责补充。

核心问题3：多角度思考推动垃圾分类的策略

问题引领：你能为他们提出可行的推动垃圾分类的策略吗？

活动探究：5个小组结合小组讨论，给深圳推动垃圾分类出点子。另外1个小组结合其他地区垃圾分类经验，思考如何推动深圳的生活垃圾分类。

达成目标：培养学生根据实际情况思考解决方案的创新意识，培养学生多角度分析问题的能力和通过借鉴他人经验解决问题的能力。

过渡：看一则国外垃圾桶的小视频，感受创新的力量与魅力，只要我们不忘初心，心存环保意识，任何创新都是了不起的。

核心问题4：了解垃圾分类的提出背景，总结课堂收获

问题引领：你知道垃圾分类是在什么背景下提出的吗？

活动探究：不忘初心，了解世界环境与发展委员会发表的题为“我们共同的未来”的报告，明确垃圾分类应在怎样的意识引领下实现环保目标。

达成目标：鼓励学生做环保的参与者、推动者以及创新者。

小结：（演讲活动）用三句话总结自己的课堂感悟，组内交流，再选出代表发言。

【教学反思】

本次课程内容很接地气，是平时在生活中会接触到的“垃圾分类”话题，学生不会感到陌生。结合不同学科，既面向全体学生，又注重差异发展，让有特长的学生发挥自身特长解决课程中设置的问题，使不同层次的学生都学有所得。

针对初一学生的特点，选择了“垃圾分类，绿色生活”的主题，课程目标是让学生理解人类可持续发展的内涵与意义，培养学生主体的责任意识，期待学生能以宏大的胸襟和超前的视野研究人类社会未来发展趋势，关注社会的发展动态。课程定位是有高度的。

课堂上可以给予学生更多自由，包括做问卷、数据调查和分析，都可以让学生自主完成，强调学生课堂的主体意识，让课堂更深入学生的内心。

学贯中西，慎独致远

深圳市高级中学　麦智灵

【教学研究】

1. 聚焦问题

在经济全球化的大背景下，出国留学已经不再是一个陌生的话题。而随着父母的受教育程度逐渐升高，教育理念、质量和职业不断发展，越来越多的家长和学生选择低龄化留学。

本课程培养学生形成正确的留学观、价值观，以开阔国际视野、传播中华文化为宗旨，让学生认识到真正的跨文化交流的内涵。

本课程的聚焦问题如下：

聚焦问题1：出现低龄化留学现象的背景。

聚焦问题2：低龄化留学的利与弊。

聚焦问题3：使学生理性看待留学现象，提升交际能力，开阔国际视野，传播中华文化。

2. 核心问题

核心问题1：为什么会出现低龄化留学现象？

核心问题2：低龄化留学会产生什么问题？有什么优势和劣势？

核心问题3：如何理性看待低龄化留学现象，合理选择留学年龄？

3. 分解问题

核心问题1：为什么会出现低龄化留学现象？

分解问题1：为什么要留学？

分解问题2：为什么会出现低龄化留学现象？

核心问题2：低龄化留学会产生什么问题？有什么优势和劣势？

分解问题1：低龄化留学会产生什么问题？

分解问题2：低龄化留学有什么好处？

核心问题3：如何理性看待低龄化留学现象，合理选择留学年龄？

分解问题1：什么类型的学生适合低龄化留学？什么类型的学生不适合低龄化留学？

分解问题2：留学要考虑什么因素？

分解问题3：作为一名中学生，如何理性看待留学？

【教学过程】

1. 设计问题、引出课题

导入语：近年来，出国留学低龄化已经成为一个越来越明显的发展趋势。许多家长唯恐自己的孩子在竞争中落在别人后头，生怕错失先机让孩子丧失了竞争的优势。因此，越来越多的高中生，甚至初中生，都加入留学的行列中。

2. 解决问题

核心问题1：为什么会出现低龄化留学现象？

分解问题1和分解问题2：为什么要留学？为什么会出现低龄化留学现象？

活动探究：以观看BBC留学生纪录片引入，激发学生对主题的探索。

达成目标：通过观看视频、师生问答以及学生小组讨论，提炼出留学的原因以及产生低龄化留学现象的原因。

核心问题2：低龄化留学会产生什么问题？有什么优势和劣势？

分解问题1和分解问题2：低龄化留学会产生什么问题？低龄化留学会有什么好处？

活动探究：观看《小留学生》视频片段，小组讨论分析低龄化留学的优势和产生的问题。

达成目标：在学生之间的互动中总结出低龄化留学的优势和产生的问题。

核心问题3：如何理性看待低龄化留学现象，合理选择留学年龄？

分解问题1：什么类型的学生适合低龄化留学？什么类型的学生不适合低龄

化留学？

活动探究：小型辩论。全班分为8组，4组为正方，4组为反方。经过小组讨论后，每组派一名学生组成2支队伍，进行5分钟的自由辩论。

达成目标：认识适合低龄留学人群的特质。

分解问题2：留学要考虑什么因素？

活动探究：小组内绘制一份思维导图，选取优秀小组成员阐述观点。

达成目标：了解留学需要考虑的因素。

分解问题3：作为一名中学生，如何理性看待留学？

活动探究：1分钟演讲。

达成目标：在思维的碰撞中形成正确的留学观。

3. 作业布置

制作一份留学指南手册。

要求：

（1）每个小组选取一个留学国家，从衣、食、住、行等方面着手。

（2）图文并茂。

（3）小组内分工合作。

【教学反思】

本次班会课后，师生对班会效果评价较高，成功的经验是：能够立足时代背景及学生的实际，结合自身条件，利用身边资源，开展内容丰富、形式新颖、学生乐意参与的班会；班会设计有一定的科学性，融入心理学、职业生涯规划等一些教育教学方法；以学生为主体，以教师为引导者，让学生在自我思辨、同伴讨论以及对客观背景的认识中理解班会的主题。不足的地方是设计的时间有些过长。

规则说

深圳市高级中学　余佳霖

【教学研究】

1. 聚焦问题

构建社会主义和谐社会需要有良性循环运作的社会规则，需要公民具有尊重社会规则的意识。党的十八届四中全会在《中共中央关于推进依法治国若干重大问题的决定》中提到："加强公民道德建设，弘扬中华优秀传统文化，增强法治的道德底蕴，强化规则意识，倡导契约精神，弘扬公序良俗。"可见，培养公民的规则意识已经成为中国法治建设中的一项重要工作。初中生作为社会的小公民，是国家的未来、民族的希望。他们正处于走向社会的关键时期，学习积极主动地关心社会、融入社会、遵守社会规则，有助于青少年养成良好的行为习惯，塑造健康的人格及价值观念，获得他人和社会的接纳与认可。

在担任班主任期间，我深切感受到了培养学生规则意识的重要性。多彩的社会生活，丰富的网络世界，个人意愿与集体要求间的不和谐之音，自由的边界在哪里？通过本课，学生能养成遵守规则的良好行为习惯，共筑积极进取、文明有序的班集体。

本课从社会中违反规则的热点新闻出发，倡导积极遵守规则，引导学生理解规则的含义，辩证思考规则与自由的关系，认同规则的价值，掌握积极遵守规则的方法，促进学生从认知到行为的积极转变。通过"学规则""懂规则""守规则"三个环节的层层递进，与规则共情，与规则共进，从而培养学生树立规则意识、责任意识和文明友善的价值观。

2. 核心问题

本节课的核心问题如下：

核心问题1：规则的含义及其分类。

核心问题2：如何积极地遵守规则？

3. 分解问题

为了解决核心问题，将其分解为以下四个问题：

核心问题1：规则的含义及其分类。

分解问题1：什么是规则？

分解问题2：生活中都有哪些规则？

核心问题2：如何积极地遵守规则？

分解问题1：多角度分析违反规则的原因。

分解问题2：如何积极地遵守规则？

【教学过程】

1. 引出问题

情境设置：新闻三则——2017年宁波雅戈尔动物园老虎伤人事件，2018年高铁“霸座”事件，2019年俄航客机失火事件。

问题引领：这些违反规则的行为造成了哪些后果？

学生活动：学生小组讨论，分析新闻中违反规则行为造成的后果。

教师引导：引出课题“规则说”。

（设计意图：用三则新闻事件，展示社会中漠视规则、违反规则的现象，让学生思考其行为会造成哪些后果，引出本课的课题“规则说”。）

2. 解决问题

核心问题1：规则的含义及其分类

情境设置：根据学生们对规则的了解，完善规则的个人档案。

学生活动：小组按设定的场所讨论列举出该场所的规则，并通过总结这些规则的共同特征，完成规则的个人介绍。

（设计意图：通过个人档案的形式，激发学生兴趣，联想相关规则并进行分类，通过总结共同特征概括规则含义。）

分解问题1：什么是规则？

问题引领：设计关于规则的自我介绍，帮助大家更好地认识它。

学生活动：小组通过对规则的理解，总结规则的共同特征，完成规则档案中的自我介绍。

（设计意图：根据规则的特征、分类，总结规则的基本定义，理解规则来源于生活，服务于生活，与我们生活息息相关。）

分解问题2：生活中都有哪些规则规则？

问题引领：根据卡片上的场所，补充“规则家族”中都有哪些成员？

学生活动：学生通过卡片上的场所，讨论归类相关的规则。

（设计意图：规则的划分标准有许多种，学生最常接触的是校园规则、班级规则、中小学生守则、交通规则等，可以让学生联系实际明晰身边的规则。）

核心问题2：如何积极地遵守规则？

分解问题1：多角度分析违反规则的原因。

画面一：“规则的烦恼”。

相声表演：《我喜欢规则or我讨厌规则》。

问题引领：中国是文明古国、礼仪之邦，尝试从多角度探讨分析如今频频有人漠视规则、违反规则的原因。

学生活动：通过相声表演中呈现的境遇，联系自身经验，多角度地思考、讨论、分析社会生活中违反规则的原因。

（设计意图：通过学生表演，启发学生对规则的理解。从感性经验上升到理性思考。让学生尝试联系历史学、社会学、心理学、经济学等多学科思考人们为什么会违背规则、践踏规则。）

分解问题2：如何积极地遵守规则？

画面二：“学生的烦恼”。

问题引领：为了更好地遵守规则，你有哪些妙招？

学生活动：小组头脑风暴，提出可行性方案并展示介绍。

（设计意图：让学生理解，在认知、尝试遵守规则的基础上，更重要的是要做到坚守规则，在点滴小事中克服困难，培养规则意识，使学生初步意识到规则不只是一种约束，更重要的是能够保障个体的自由，让学生学会在有限的自由中成就自己、完善个性。）

3. 实际运用

规则落地，我行动。

问题引领：从自己的实际情况出发，谈谈在接下来的一个月中，你希望自己可以成为遵守哪方面规则的小卫士？

学生活动：在规则转盘中自选或自创一个方面，完成半命题宣言，共筑班级心愿墙。

小结：学规则，让我们充满智慧；

懂规则，让我们更加从容；

守规则，让我们踌躇满志。

与规则共进，走向更灿烂的远方！

【教学反思】

本堂班会课既有少部分亮点，也有明显的不足，总结如下：

1. 亮点

（1）本课将规则拟人化，以第一人称的方式认识规则，比较有趣味性，能够提高学生的参与度、主动性、创造性。

（2）学生通过对热点社会现象的观察，多角度分析人们不遵守规则的原因，结合真实的生活感受，探讨怎样才能更好地帮助自己、帮助他人遵守规则。

（3）组员讨论，培养学生的创新能力、合作能力、思辨能力，使学生进一步认识到应当磨砺意志，自尊自强，培养规则意志和责任意识。

2. 不足

（1）课程素材的选择设计缺少多元化色彩，如规则在不同国家有哪些值得关注的现象，各国的规则教育有哪些异同，不同时期的规则发展变化有什么要求，等等。加入这些可以更好地对学生进行启发引导。

（2）组与组之间的互动可以加强，课程中虽然学生参与度高，师生互动多，但是组与组之间思维的碰撞没有展现出来，应该在分享环节进行引导，让学生发出更多不同的声音，这样效果会更好。

网约车出行，你我共平安

深圳市高级中学　张　巍

【教学研究】

1. 聚焦问题

大数据下的当今社会，网络平台为我们的生活提供了极大的便利。在享受便利的同时，网络平台的服务给人们的生活以及社会带来了新的问题。

本课程旨在培养学生的开放视野和领袖情怀，使学生关注身边的热点问题，从小树立民主与法治观念，提升安全意识。

本课程的聚焦问题如下：

聚焦问题1：网约车出现的背景。

聚焦问题2：网约车给个人和社会带来了哪些好处和问题？产生这些问题的原因是什么？

聚焦问题3：未成年人使用网约车的安全问题。

聚焦问题4：培养学生的创新思维和分析、解决问题的能力。

2. 核心问题

核心问题1：为什么会出现网约车？

核心问题2：网约车的出现给个人和社会带来了哪些好处？

核心问题3：在使用网约车的过程中，出现了哪些不良现象？其原因有哪些？

核心问题4：未成年人如何安全使用网约车？

【教学过程】

1. 视频导入，引出问题

播放视频：两名13岁少年乘坐网约车从深圳前往四川，到达目的地后因无法支付车费，产生一系列问题，引发学生对网约车相关问题的思考。时间5分钟。

2. 解决问题

核心问题1：为什么会出现网约车？

问题引领：为什么会出现网约车？

活动探究：课前查资料。

学生课前通过网络及其他媒介查找网约车的相关资料，课上与小组成员一起将查找的资料进行整合。时间5分钟。

核心问题2：网约车的出现给个人和社会带来了哪些好处？

问题引领：网约车的出现和使用给个人和社会带来了哪些好处？

活动探究：结合资料和生活体验，对社会热点问题发表观点。

达成目标：提高筛选信息、发现问题、分析问题的能力。

结合资料以及学生乘坐网约车的亲身体验，分析、总结、回答问题。

核心问题3：在使用网约车的过程中，出现了哪些不良现象？其原因有哪些？

活动探究：小组讨论、补充、质疑。

达成目标：引导学生关注社会热点现象，培养学生分析问题的能力，培养学生开放视野和关心社会的领袖情怀。

采用小组讨论的形式，让学生结合课前查找的资料，以及前面两个问题中同学们分享的资料和个人经历，总结归纳网约车使用过程中的不良现象，并分析产生这些现象的原因。再将它们写在白纸上，每组5条，写好粘贴在黑板上。每组选一名同学，代表本组同学发表观点。这个过程提升了学生分析、总结、表达的能力。时间15分钟。

核心问题4：未成年人如何安全使用网约车？

问题引领：14岁以下的未成年人能否单独乘坐网约车？

活动探究：以辩论的形式提出合理的观点并对相反观点提出质疑。

班级一共分成6个小组，3组为正方，3组为反方。开展小型辩论赛。正方、反方各派一名代表陈述本方观点，每人1分钟。自由辩论环节双方各6分钟。最后双方各选一名代表做总结发言，每人1分钟。时间20分钟。

3. 综合运用

通过今天的讨论，你认为使用网约车的注意事项和风险防范措施有哪些？

请以小组为单位，设计一份宣传单，向全校同学宣传乘坐网约车的注意事项和风险防范措施。可以采用图画、宣传语、演讲稿等多种形式。

小组合作，现场解决前面分析出的乘坐网约车的问题，并用多种方式提醒更多的人注意保护自己的安全。

【教学反思】

1. 选题初衷

选题正当多起与网约车有关的恶性新闻事件把网约车再次推上舆论的风口浪尖之时。我们的学生也经常会乘坐网约车出行，为了提高学生的安全意识和自我保护意识，我结合社会热点问题，确定了本次班会的主题。

2. 内容设计

一堂班会课，思路完整很重要。在内容设计上，我注重环环相扣、层层深入，让学生学会分析问题、解决问题的方法，并培养学生运用所学知识解决问题的能力。

3. 课堂效果

整个过程突出学生的主体地位，全员参与，发言、讨论气氛热烈。学生的综合能力得到提升。

4. 课堂不足之处

由于所学知识和接触的信息量有限，辩论环节论据不够丰满，出现了咬文嚼字、偏离主题等问题。在以后的班会课中，如果有辩论环节，可以让学生提前准备，充分查找资料，使辩论更精彩、更有针对性。

关于“家庭作业”的探讨

深圳市高级中学　周 莉

【教学研究】

本节主题班会以问题为导向，通过开放式和互动式探究的方式，促使学生由被动的接受者转变为主动的研究者，实现学生思维能力的提高、情感价值观的升华，以及核心素养的提升。

1. 聚焦问题

家庭作业是学生学习过程中的重要部分，是提高学习效果的有效途径。然而，不少学生不重视作业，以消极马虎的态度对待作业，甚至产生抵触心理。产生这种现象的深层原因是，大多数学生把写作业当成外部的任务与压力，无法内化为自主学习的动力。在这种背景下，本节课聚焦“如何看待和对待作业”这一重点问题，通过信息调查与人物采访这两种交互式的方式，让学生转变为作业意义的研究者和探索者，最终实现自我感悟和反思，把完成作业内化为自我要求，形成独立自主的习惯与品质。

2. 核心问题

聚焦问题的确立为核心问题的确立提供了必要的指引，本节课所确立的核心问题包括：

核心问题1：如何看待家庭作业？

多角度地调查促使学生打开思维，从多方位对这个问题进行探究，以批判性思维引导学生感悟与反思。

核心问题2：如何解决家庭作业中出现的难题与困惑？

从生活经验出发，引导学生通过观察和感悟其他同学、家长和老师等不同身份的人对家庭作业的观点，发现问题、思考问题，并通过头脑风暴式的小组讨论，调整自我观念与心态，提高解决问题的能力。

核心问题3：面对作业，以后应该怎么做?

鼓励学生自我激励，营造互助友爱的良好学习氛围。

【教学过程】

1. 设计问题、引出课题

开门见山，直接引导学生关注作业这个问题。

导入语：家庭作业是学生学习过程中的重要部分。学生通过作业与练习，可以巩固和消化所学知识，锻炼独立学习的能力和习惯；教师通过检查作业，可以有效地得到学生学习情况的反馈，有利于调整和改进教学策略、方式和内容；家长通过作业，可以直观地了解孩子的学习情况。然而，有不少人仍质疑作业的必要性与作用，认为它是一种给学校和家长增加压力的任务。那么，作业是否具有重要意义呢，它具有哪些作用，我们应该如何对待它？本节课将围绕“如何看待和对待作业”这一重点问题进行深入探讨。同学们都已提前进行了相关的调查，你们在这一过程中都有什么收获和领悟呢？让我们一起畅所欲言吧！

2. 解决问题

核心问题1：如何看待家庭作业?

这部分采用提前调研的方式进行，学生分工合作，分为3个小组。第1组收集不同教育专家的观点，第2组收集与家庭作业相关的社会现象，第3组收集不同类型作业的作用与意义。收集信息不仅锻炼学生合作、收集并整理信息的能力，更能引发学生深入地思考作业的作用，学会从多个角度辨析和分析问题，从而领悟作业的意义，达到自我认同并自觉完成作业。该部分需要学生制成PPT，并派代表上台汇总他们所收集到的信息，同时表达他们对所收集到的信息的判断与观点。

教学实施：学生能很好地表达他们的信息整理情况，并汇报各自在收集信息过程中的思考和观点。在收集信息时，必定会有不同角度的信息出现。不同能力的学生收集的信息会有差别，教师要避免使学生产生过于偏激、偏执的想法。可以提前和学生沟通，提供工具和方法上的指导，让学生关注到更多层面的信息。

将学生分成不同小组，引导学生从不同角度探讨问题，收集教育家和心理学家的相关理论和研究，思考分析不同作业类型的特点与意义，让课堂体现出多元化的一面。学生不同角度的表现和思考是这节课的亮点所在。

学生所收集到的信息都很全面和新颖，许多学生对作业的意义予以肯定，认为作业是课堂教学的补充和延伸，是巩固和完善学生在课内学到的知识和技能的重要手段，并能培养独立学习能力和良好学习习惯。

学校作业提供了理智发展的可能性。面对作业，学生需要根据已有知识对问题做出最可能的解释。每个答案都一定会有暗示，学生可以按照暗示方向行动，验证自己的解释正确与否。这一过程使问题从模糊、混乱变得清晰和确定。如果获得错误的暗示，可以从错误中找出失败的因子，重新整理思路再做更正，从而得到清晰和确定的结果，这是一种思维训练的重要过程。

然而，学生也会提出质疑和否认作业作用的观点。比如，作业会占用玩耍的时间，或者导致睡眠时间不足；重复性作业意义不大；作业会引发家庭矛盾，家长大都担任巡检督查家庭作业的角色，容易变得唠叨、挑剔，使自己与孩子都感到苦恼和烦心；过多或者过难的作业需要家长帮忙完成，反而使学生养成依赖成年人帮助自己完成作业的习惯；作业导致学生无法充分发展其他技能与能力，如阅读能力、运动能力或感兴趣的特长技能等。学生从他们自身的生活经验出发，敢于质疑的表现令人眼前一亮。

不同作业类型的探讨也会碰撞出不同的火花。比如，可以按学科类型比较作业的特点和意义，或者分为基础性作业、综合实践性作业和选择性作业等。学生可以结合自己的经验对不同作业类型的作用进行阐述，并表达自己对不同类型作业的真实感受。比如，很多学生会表达他们很喜欢演讲作业或多样化一点的作业，感觉很有趣，当然也有些学生不喜欢这类作业，而喜欢能让他们巩固学习成果的作业。学生敢于说出心里话、敢于质疑、敢于批判，这使得学生成为课堂的真正参与者和主角。

核心问题2：如何解决家庭作业中出现的困惑与难题？

这一环节采用采访的方式引出学生做作业过程中遇到的难题和困惑。将学生分为3组，第1组采访学霸和其他学生，搜集他们对作业的看法，以及他们自身遇到过的关于作业的困惑或问题和解决问题的经验；第2组采访不同身份的人，听听他们有哪些做作业的经历，他们是如何看待作业的；第3组采访不同学科老师，听听他们是如何布置作业的。

在PPT演讲环节结束后，学生对家庭作业有了更加开放、更加多层次的认识，并通过对作业的深层次思考，形成了自己的观点。但对“应该怎样对待作业”或者“怎样提高作业效率”这种具体的问题，学生还是比较困惑和模糊。所以，学生只有通过讨论、批判、反思，从多角度进行辨析，才能形成较为科学、理性、客观的思维方式，正确对待老师布置的作业。

教学实施：学生通过采访认识到不同人对作业的不同观点与态度，这种形式对于学生也是一种比较新颖的方式，能较好地抓住学生的眼球。在采访过程中，学生看到不同状态的同学对作业的观点，会结合自身感受和经验反思自己的观点。了解老师布置作业的考虑与意图也是一个重要的角度，学生会因此懂得换位思考。

在采访这一环节，部分学生可能没有相关经验，可以给予其技术上的指导和支持。学生需要提前准备相应的问题，针对作业汇总不同角度的观点，从中总结出大多数人都会碰到的困难和困惑，并汲取不同人在面对作业困难时的解决经验。这一部分，学生的关注度和参与度都会特别高。

观看采访视频后，教师或学生代表应及时根据视频内容提问，小组讨论并提供问题解决的方案。在这个过程中，学生会汇总一些问题，如作业太难，不会写怎么办；作业太多，写不完怎么办；做作业的效率不高怎么办；存在懒惰心理和拖延习惯怎么办；其他方面的事情占据了写作业的时间怎么办；或者学校作业与兴趣班作业起冲突，应该如何解决；等等。在讨论过程中，教师要鼓励学生头脑风暴，利用小组比赛的方式鼓励大家表达自我观点。因为学生面对同龄人时会产生更多共鸣。

学生看了他人的视频后，会意识到观点是多元化的，他们也就不怕自己有不同的观点，从而勇于表达自己的想法；或者看到他人和自己一样，有面对作业时的各种困惑，从而减轻压力与焦虑。这种开放、包容的氛围，使学生更愿意分享自己关于学习效率提高的方法，共同探讨学习策略。根据课堂情况，教师可以适度引导学生对如何锻炼注意力、改进拖延症等进行讨论，从而真正帮助在完成作业上有困惑的学生，提高他们的学习效率。

在教师采访这一部分，学生将会看到老师们在“幕后”的状态，从老师视角看待自己的作业。在这个过程中，他们将了解到老师不是随意布置作业，而是每项作业都有一些重要考虑；同时了解到老师在批改作业的过程中对学生存在问题的感受和希望，这将会让学生换另外一种角度来看待作业。通过这种换位思考，学生在采访之后往往会感触很深，从而对作业有更深层的认同感。

核心问题3：面对作业，以后应该怎么做？

每个学生都写下自己在这节课中的收获和面对作业时的决心，贴在“作业公约墙”上，促使学生具有独立自主的学习意识和习惯，在班集体中形成互相督促和共同进步的氛围。

【教学反思】

“问题式学习”需要学生参与、体验，需要以合作的方式构建活动，即教师主体转换为学生主体。如何真正提高学生的参与度并调动学生探究问题的积极性，是我设计本节课最为重要的考虑，需要仔细选择和精心设计问题构成。

“如何看待作业，作业的意义和作用是什么，如何提高作业效率？”这些问题若没有以一种开放式、多元式的途径来探究，还是很容易变成弱启发性的问题的，必定会导致学生的理解或者领悟简单化和低层化，使得课堂仍旧保持传统课堂的问答模式，无法让学生真正深刻地去看待、理解他们每天需要面对的作业。

一开始的设计是让学生去表达他们自己关于作业的故事，但实际效果并不理想，如果问题过于宽泛或者角度过于局限，学生的思维不一定能调动起来。因此，我在框架上进行设计和修改，让学生真正地参与“问题建设”，把老师提出的问题转化为自己真正想要探究的问题。这个过程化被动为主动，化僵化为创新。只有充分鼓励学生不断批判和质疑，才能真正调动学生的注意力，促使其深入思考、探究并创新。

我引导学生自主搜集资料、自主采访，汇总多角度观点或事实，以一种合作探究的方式深入探究关于作业方面的思考，促使他们思维的火花发生碰撞，学会从多元角度审视，以理性客观的态度面对作业。面对“多元”，我觉得对于一个老师来说，比较难的一个点是需要把握好一个度，既要鼓励他们敢于表达不同的观点，又要在课堂上灵活地引导问题。这个班会不仅是为了锻炼学生的多维思维、辩证思维以及实践合作能力，更希望转化学生对作业、对学习的态度。“学习从外向内进行是压力，从内向外进行是动力”，课堂中呈现的案例与观点的辨析，目的是促使学生转变“被要求者”或“被动消极”的心态，不把作业看成任务或压力，而把作业看成促使他们进步的支持力量与动力。

手机的正确打开方式

深圳市高级中学　王译堃

【教学研究】

本节课通过学生对社会生活的观察、自我经验的反思，达到学生自我教育的目的，并在聚焦问题中提出核心问题并加以解决。

1. 聚焦问题

有人说手机是这个时代最伟大的发明，也有人说手机是有史以来最糟糕的发明。本次班会课设置了一个情境——“教育部征集校园手机管理规定意见大讨论”，以征询意见的方式，培养学生辩证看待问题的能力，使学生合理看待手机的利与弊，正确对待文化快餐，引导学生做时间的主人，树立远大的志向，从而培养学生健康、阳光的心态。

2. 核心问题

本节课的核心问题如下：

核心问题1：认识手机。

引导学生关注生活，从社会生活的衣、食、住、行方面总结手机给社会与个人带来的好处。

核心问题2：中学生的手机使用习惯有哪些？

学生从调查问卷中了解中学生使用手机的不良习惯及影响。

核心问题3：校园手机开放使用利大于弊还是弊大于利？

设计一场针对此问题的辩论赛，目的是让学生辩证地去看待问题，清醒地意识到过度使用手机不仅危害身体健康，而且危害心灵，并反思手机短视频

（如“抖音”“快手”等）对自身的不良影响。

核心问题4：作为深高中学生，请你对教育部即将出台的校园手机使用规定拟一个提案。

引领学生明晰利弊，自觉自律，养成良好的时间管理习惯，树立远大志向。

3. 分解问题

核心问题1：认识手机。

分解问题1：从衣、食、住、行方面思考。

分解问题2：从精神需求方面思考。

核心问题2：中学生的手机使用习惯有哪些？

此问题在调查问卷中有相应的体现，如每天使用手机的时间段、时长，使用频次最高的App，等等，可以了解中学生对手机的使用情况。

核心问题3：校园手机开放使用利大于弊还是弊大于利？

反思作为青年学生应如何有效应对校园手机使用问题。

核心问题4：作为深高中学生，请你为教育部即将出台的校园手机使用规定拟一个提案。

此问题为开放性问题，不再分解。

【教学过程】

1. 设计问题、引出课题

用情境设置法引出课题。

随着科技的不断发展，手机等电子产品迅速普及，被称为21世纪的新式“鸦片”。部分学生将手机带进校园，带来了新一轮的校园管理矛盾。法国、韩国等纷纷立法，试图通过法律手段使手机禁入校园。中国教育部拟出台校园手机禁入规定。有人拍手称赞，认为此举可还校园一片净土；也有人不置可否，认为此举治标不治本，不能从根本上杜绝手机的滥用；还有人认为手机是时代产物，校园不应成为与世隔绝的象牙塔。对此，你怎么看？

2. 解决问题

核心问题1：认识手机

分解问题1和分解问题2：从衣、食、住、行方面思考，从精神需求方面思考。

采用的方式是课前调查。将学生分成8个小组，2个小组做社会调查，了解手机在中学生日常生活中的使用情况；2个小组上网调查，了解手机滥用导致的校园矛盾；1个小组求助心理老师，了解手机引发的心理健康问题有哪些；1个小组做市场调查，制作问卷，了解目前中学生对手机的使用情况；1个小组制作PPT；1个小组汇报。小组合作探究的教学方式可以让学生学会通过明确分工、团结协作高效解决问题。

手机在我们生活中的应用有哪些？现代人的生活能否离开手机？为什么说手机是精神鸦片？

在实施过程中，通过社会生活经验，小组学生能正确、快速地解决问题——现代人的衣食住行离不开手机。中学生由于好奇心重，渴望结交朋友、了解社会、释放学业压力等也离不开手机。

课前，学生全员参与，分工明确，有的拍摄了一幅幅利用手机App软件进行学习的照片；有的扎进网络信息的大海中，寻找一个个跟青少年“手机成瘾”相关的案例；有的带着疑问求助心理老师，了解到诸如“抖音”等短视频，容易使人沉浸其中，忘记时间的流逝。在心理学上，这叫“状态”心流，但是是被动的心流状态，而能使人提高效率和创意的则是主动心流状态。课中，汇报者准备充分、绘声绘色，用一张张真实抓拍的图片展示了本次小组活动的成果。

核心问题2：中学生的手机使用习惯有哪些？

我采用的方式是让小组将调查问卷制成统计图表的形式。将学生分成8个小组，2个小组概括出好习惯有哪些，2个小组写出他们认为的坏习惯有哪些。为了让学生尽快切入问题，我要求学生在其他小组回答问题的时候保持思考，而其他4组学生可以随时做一些补充或提出意见。

核心问题3：校园手机开放使用利大于弊还是弊大于利？

基于目前中学生使用手机的习惯，展开校园手机开放使用利弊之辩的活动。

正方观点：中学生使用手机利大于弊。

反方观点：中学生使用手机弊大于利。

3分钟立论、5分钟自由辩论、1分钟总结陈词、1分钟观众点评，四个环节将此次班会推向高潮。

这个环节中，学生们有强烈的表达欲望。因为关于这个话题学生和家校可以说有着长期的斗争经验。家校屡禁、屡教，学生也有诸多或义正词严或冠冕堂皇的理由。这个问题通过正反方的辩论，既提供给学生一个表达真实自我、说心里话的机会，也给了他们从家校管理、自身成长的立场思考问题的机会。

因为有了前期的调查、思考做铺垫，学生们在辩论的过程中更加有理有据，思维能力也在争辩中快速“拔节”。这个问题的辩论最终回归到个体自律。如果你拥有强大的自制力，手机是学习的一大利器；如果你容易被外界诱惑，手机便成为你成长的牢笼。

核心问题4：作为深高中学生，请你为教育部即将出台的校园手机使用规定拟一个提案

为了直观具体地让学生理解此问题并准确切入话题，我直接列出材料一、材料二和材料三。我采用的方式是：每个小组对法、韩、中三个国家进行简单评析，然后用概括的语言将本小组的提案写在纸上并粘贴于黑板上。要求：组间合作、深度分工、共同探究，有条理地列出手机滥用的不良影响。

学生在实施过程中，智慧碰撞，开拓思维。小组的答案都非常有针对性。学生都能针对中、韩两国的调查现状总结概括出存在的问题，通过查询资料了解法国青少年使用手机的情况，并且学生能够不受材料所限，通过自查资料，了解到更多手机滥用对青少年的危害，远超教师的预设。通过拟提案的方式，鼓励学生积极参与校园建设，让学生体验到解决问题的乐趣、获取新知的成就感。

我采用的方式是各抒己见，要求学生给出具体答案，并且答案一定要有依据。

学生在实施过程中，既能表达出对教育部出台新政的理解，又能反思得出手机管理实为自我管理，总结出青少年要培养良好的时间管理能力，要珍惜青春，树立远大的理想。说到动情处，有的学生潸然泪下，控诉手机对自己的毒害；有的学生痛改前非，决心用实际行动支持教育部手机校园禁入令。

小结：班级合作上交一份集体的智慧。我将学生们的意见稿整理、分类、重新校订，最后制成一份完整详细的意见书，找班级字迹最好的学生代笔，以致信的形式提交给教育部。

【教学反思】

1. 教学研究中，首先一定要把问题研究清楚，问题要抓稳、抓准。问题聚焦要精确，到底是思维能力问题还是人文素养问题，还是跨学科的问题，一定要有针对性地逐一解决每个分解问题。

2. 教学过程中，问题设计要有选择性并具有开放性，要让学生放开手脚查找信息、收集信息，由点及面地了解问题内涵及外延。

3. 问题的设置要给学生思考的空间，不能设置过多浅显的问题，要有几个需要学生通过求助网络、老师、书本才能找到答案的问题。同时，这也需要教师有一定的教学积淀与灵活的教学智慧。

4. 教学内容上，本应对我班学生喜欢玩的“抖音”“快手”做进一步分析和分享，但由于课时有限，未能分享尽兴。其实它们如今才是被诟病最多的手机应用，学生们若能集中精力分析和探讨这两者滥用的危害，教育意义和效果也会更大、更好。

5. 在学习方式上，本节课以小组合作探究、课前市场调研等方式，分析手机的利与弊，培养了学生的辩证思维；用科学的手段解决不良习惯，培养了学生的反思精神；作为小小公民，能为教育部提出意见，培养了学生参政议政、承担社会责任的精神。

集思广益，共享成功

深圳市高级中学　麦智灵

【教学研究】

1.聚焦问题

科技的进步以及人类文明的日益发达为人们的食、住、行、游、购、娱等方面提供了更多的选择以及高度的便捷。身处高度发展的社会，人们能够独立完成很多从前众人都难以完成的任务。纵然益处明显，但社会的进步同样带来了新的问题。例如，人们自我意识变强，集体意识减弱；夸大自我的力量，低估团体的力量；追求个体的利益，忽视集体的利益；等等。我们不能让暂时的进步膨胀了内心，忽略了个人是集体的一部分。诚然，分享使快乐加倍，让成功加速，但只有懂得将个人和集体相联系，用心感受分享的魅力，才能成为与时俱进的未来人。

本课程的开设可以培养学生的公民意识、公民基本素养，提出的善于合作、乐于分享的价值观，鼓励学生关心身边的人和事，从小树立以天下为己任的博大胸襟。通过培养合作与分享的价值观，提高学生创新能力以及分析与解决问题的能力。

本课程的聚焦问题如下：

聚焦问题1：什么是个人和集体？

聚焦问题2：如何培养学生团结协作、乐于分享的价值观？

聚焦问题3：在合作和分享的过程中会遇到哪些问题？

2. 核心问题

核心问题1：为什么要合作与分享？

核心问题2：如何培养学生团结协作、乐于分享的价值观？

核心问题3：怎样解决合作和分享过程中遇到的问题？

3. 分解问题

核心问题1：为什么要合作与分享？

分解问题1：个人和集体的关系是什么？

分解问题2：合作与分享给个人和集体带来哪些好处？

核心问题2：如何培养学生团结协作、乐于分享的价值观？

分解问题1：如何定义团结协作？

分解问题2：如何定义乐于分享？

核心问题3：怎样解决合作和分享过程中遇到的问题？

分解问题1：阻碍合作与分享的因素有哪些？为什么？

分解问题2：如何解决合作与分享过程中遇到的问题？

【教学过程】

1. 设计问题、引出课题

举例：

1. 一根筷子容易折断，那么一捆筷子呢？

2. 一个和尚挑水喝，两个和尚抬水喝，三个和尚没水喝。为什么会这样呢？

导入语：同学们，大家对“团结协作”应该都不陌生，还记得我们军训时最爱唱的那首《团结就是力量》吗？那么，什么才是有效的合作呢？今天，让我们一起来感受团结的力量吧！我们先把班级分成5支队伍，每支队伍10人。这节课，我们以队伍为单位，一起来完成以下三个挑战。

2. 解决问题

核心问题1：为什么要合作与分享？

分解问题1和分解问题2：个人和集体的关系是什么？合作与分享给个人和集体带来哪些好处？

活动探究：铁甲战车。

规则：

（1）利用报纸和胶带制作一辆战车。

（2）从起点驶到终点，然后再回来，就算完成任务。

（3）用时最少的那一组获胜。

注意事项：

（1）所有队员的脚不能直接接触地面。

（2）如果战车坏了，一定要停下来检修。

（3）合理利用资源，不要浪费。

（4）各组有10分钟的讨论和制作时间。

材料：报纸、剪刀和透明胶若干。

达成目标：学生通过与组内成员沟通，集思广益，认识个人与集体的关系，体会合作与分享的意义。

过渡：恭喜大家顺利通过第一个挑战！领先的队伍不要掉以轻心，稍微落后的队伍也不必气馁，因为我们马上要进入下一轮的挑战！

核心问题2：如何培养学生团结协作、乐于分享的价值观？

分解问题1和分解问题2：如何定义团结协作？如何定义乐于分享？

活动探究：蜈蚣跑。

规则：

（1）每组队员面向终点排好队，蹲下，然后用手握住前面队员的脚。

（2）从起点走到终点，然后再回来。

（3）累计用时最少的那一组获胜。

注意事项：

（1）在途中若有队员的手松了，要整组回到起点重新开始。

（2）各组有5分钟的准备时间。

达成目标：如何做到有效地合作与分享，体会合作的高效以及分享的乐趣。

过渡：相信通过这两个活动，大家对合作与分享有了更深一层的理解。在活动过程中我们也发现，有些队伍能够非常迅速且高质量地完成任务；有些队伍虽然非常快速，但是得出的结果却没达到大家最初的期待；有些队伍在讨论阶段非常热烈，结果却不尽如人意。为什么大家在同样的时间内完成同样的指令和任务会得到不一样的结果呢？这个问题非常值得我们思考。接下来，进行最后一个环节，总结与分享。

核心问题3：怎样解决合作和分享过程中遇到的问题？

分解问题1和分解问题2：阻碍合作与分享的因素有哪些？为什么？如何解决合作与分享过程中遇到的问题？

活动探究1：组内讨论，填写分享卡，各组成员思考合作与分享的意义，分析活动得失，总结经验。

达成目标：寻找问题的根源，分析影响合作与分享的因素，培养学生的批判性思维以及发现问题、解决问题的能力。

活动探究2：即兴演讲。

活动主题：合作与分享。

活动要求：题目自拟，提供A3纸一张，由小组成员分工合作 ，并选出一位代表进行；2分钟演讲，分享此次课程的体会，分析活动的得失以及对合作与分享的理解。

小结：集体是我们每一个人的，我们每个人也都是集体的。团结协作、乐于分享的精神能为我们的集体注入新鲜的血液，能为我们的集体补充强大的力量，更能为我们的集体增添活力与凝聚力。我相信我们班的同学想得到，说得到，并一定能做得到。让我们尽自己所能，集思广益，团结协作、乐于分享使我们的集体更加光彩夺目！

【教学反思】

本节班会课能够达到培养学生公民意识、公民基本素养，培养学生善于合作、乐于分享的价值观的目标。通过这节主题班会课，学生在游戏中、情境中感悟团结合作的重要意义，并通过教师的引导与同学的自主讨论、交流，得出自己对团结合作的理解。让学生身体力行，并给予他们自由表达想法的空间，激发学生的创新意识和团结合作意识。

下篇

常规德育课程课例

梦想可以不平凡

——周杰伦的成长故事分享

深圳高级中学　黄阳榕

【学情分析】

本班共有46名学生，全体学生刚刚结束小学的学习生活进入初中学习阶段。梦想于他们而言似乎遥不可及，如果能及早促进他们构筑自己的梦想，在一定程度上能帮助他们更好地度过青春期，充实中学生活。

【设计理念】

1. 充分体现以人为本、学生为先的教育理念。众所周知，周杰伦是人气很高的歌手，是一名优秀的偶像，深受80后、90后和00后等群体的喜爱。学生自主寻找与周杰伦有关的资料，通过小组合作与个人展示等形式交流、讨论。

2. 在实践中感知，在感知中实践。学生通过演讲、小品剧、演唱等形式，自主探索、感知周杰伦的付出，体会梦想的重要性。

3. 合作促进团队成长，团结实现共赢。学生在班会的过程中，既是独立的个体，能够畅所欲言，也是各个小组团队重要的一分子，通过小组的讨论、建言献策，使思维的火花不断得到碰撞。

【班会目标】

本次班会一方面，在团队合作探讨中，充分锻炼学生搜集资料、临场发挥、口头表达等能力。另一方面，进一步帮助学生从周杰伦的成长过程中感受梦想在成长路上的重要性。周杰伦成功的背后是持之以恒的坚持与付出，今天我们在学习和生活的成长过程中亦需要构筑梦想，并为实现梦想而坚持不懈地付出。最后，希望学生们在团结协作中增进同学情谊，懂得合作共赢的道理。

【班会形式】

小组合作分享。

【班会过程】

1. 班会前准备

（1）将学生分为4个小组，其中3个小组每个小组的人数是13人，另外1个小组人数是15人。

（2）小组分工，在老师的指导和帮助下，选出组长、副组长各1名，负责组内的分工和班会课的分享工作。

（3）班会课主持人、多媒体控制人员的报名工作选拔与培训。本次班会课需要主持人2名（一男一女）、多媒体控制人员1名（男女不限）。学生主动报名，由老师选拔并培训。学生需要提前写好主持稿，做好PPT，提前彩排一至两次。

2. 班会课开场

（周杰伦音乐合集播放。）

主持人在学生们的掌声中上台，主持人开场。

男主持人：“尊敬的老师，亲爱的同学，大家下午好。做有执行力的梦想家，是（5）班的班级理念。这个班级理念是从何而来呢？让我们看一个短片，了解一下。”

（播放周杰伦的介绍短片，该视频介绍了周杰伦的基本信息、成长历程和获得的成就。）

女主持人：同学们告别了小学生活，来到了美丽的深圳高级中学，进入初中阶段。同学们在忙碌充实的学习生活中都收获了些什么呢？（小组推选代表，畅所欲言。）……收获之余，有时候我们会迷茫，不知道如何前行。今天的班会课，就让我们在周杰伦的成长故事中，回顾和反思自己的成长经历，从而寻找到梦想的力量。

合：下面由我宣布，梦想可以不平凡——周杰伦成长故事分享主题班会正式开始！

3. 第一个小组分享——周杰伦的成长故事总述

演讲。

男主持人：你的成长路上发生过哪些有意思的故事呢？你还记得吗？不要着急，我们先看看周杰伦是如何成长的。请听第一个小组带来的演讲“梦想家周杰伦”。

演讲人A：周杰伦小时候是一个内向、腼腆的男生。这是因为他来自一个单亲家庭……

演讲人B：周杰伦的母亲对周杰伦的家教极其严格，这使得他学习钢琴不敢偷懒……

演讲人C：周杰伦的音乐是中国的，也是世界的。他的中国风音乐……

演讲人D：周杰伦是一个低调的慈善家……

全体演讲人：从周杰伦身上，我们了解到梦想的重要性……

4. 第二个小组分享——你的小学生涯与周杰伦的小学生涯

（小品剧和视频展示。）

5. 第三个小组分享——你的爱好与周杰伦的音乐

（时事新闻播放、小组合唱《蜗牛》。）

6. 第四个小组分享——你的朋友们与周杰伦和他的朋友们

（演讲、小品剧表演。）

【班会效果】

良好。

【班会反思】

这节班会的内容需要学生积极参与，合作完成，如讲故事、做游戏、制作幻灯片、排练节目等，比较烦琐。在此过程中，组员本身就已经体会到了团结合作的重要性，为主题班会的顺利进行打下了良好的基础。

让劳动在青春中闪光

深圳市福田区教育科学院附属中学　杨雨欣

【学情分析】

本班共有学生47名，在平时的学习生活中，学生劳动意识淡薄，在学校除日常值日外从不主动劳动，在家也不主动承担力所能及的家务，更缺乏服务社会的意识。

【设计理念】

班级中很多学生都是独生子女，他们在家庭生活中养成了不爱劳动的不良习惯，即使能进行简单的自我服务性劳动，但自我控制力弱，需要监督才能坚持。召开本次班会的目的在于引导学生懂得劳动的重要性，使学生明白应该养成哪些劳动习惯，让劳动在青春中闪光。

【班会目标】

1. 引导学生认识从古至今人类一刻也离不开劳动。
2. 让学生理解劳动的意义，体会劳动的光荣。
3. 反思自己平时劳动的表现，明确在今后劳动中应如何表现。

【班会过程】

1. 课前准备

劳动情况调查（分学生卷和家长卷）：分别就学生在学校和家里的劳动情

况进行问卷调查。

2. 导入主题

（展示图片：劳动工具的变化。）

师：从古至今，人类一刻也离不开劳动。纵观上下五千年，中国的传统文化源远流长，你知道劳动人民智慧的结晶都有哪些？

生1：造纸术、印刷术、火药、指南针四大发明。

生2：长城、故宫等建筑物。

生3：二十四节气。

师：这都是劳动人民智慧的结晶，是中华民族精神的完美体现。

3. 劳动创造财富

师：我们今天再看劳动，请同学们再想一想，今天的美好生活与哪些劳动人民及其劳动有关？

生1：我们每天吃的、穿的、用的都是农民、工人的劳动成果。

生2：没有科学家的研究、发明就没有我们今天的进步，科技是第一生产力。

生3：医护人员救死扶伤，挽回了很多生命。

生4：环卫工人是城市美容师，没有他们的辛勤劳动就没有干净整洁的街道。

师：同学们说得太好了，除了大家说的这些之外，还有很多人在劳动中做出了贡献。我们一起来看看这则短片。

（播放视频：五一劳动节公益短片。）

师：没有劳动，我们就不能好好地生存、生活。向劳动者致敬。当我们今天再重新审视劳动，我们的劳动观念是有缺失的。我们普遍认为劳动者地位低下，不体面，怕苦怕累，处处讲究个人得失……

4. 劳动反思

师：作为老师，我先进行反思。当下，“劳动最光荣”只作为我口中的标语口号，我有时把它作为一种惩戒手段，迟到的学生罚他扫地，不完成作业的学生罚他拖地，扰乱课堂纪律的学生罚他大扫除……这是否成为同学们不重视劳动甚至厌恶劳动的原因？在此，我进行反思，今后要正视劳动，正视劳动的价值。

同学们是否有跟我相似的情况？请同学们填写自己的“劳动病症”，将劳动上的问题、困惑或反思写明。

生1：之前看到过一种说法，“我不丢垃圾这些环卫工人都要失业了”。我觉得非常可笑，有这样想法的人我认为他们需要反思，这是非常低素质的行为，也是不尊重人、不尊重环卫工人劳动成果的表现。

生2：我在家很少做家务，在学校除值日外也没有主动承担过什么劳动任务，我以后会尽可能多地劳动。

生3：我在家每天晚饭后都会洗碗，在学校值日也很认真。自从寒假在福田高铁站做了几次义工后，我非常希望有更多的同学可以和我一起做义工。当帮助返乡的人们买到回家的车票，他们对我说“谢谢”时，我感觉无比温暖。我们需要有奉献精神。

师：同学们说得太好了。虽然我有时候会将劳动作为惩戒手段，但我每天和你们一起参加值日，课间看到教室有垃圾我也会拾起，每次下课我会把讲台整理干净，我更希望这些细节可以感染大家。

5. 劳动比拼

环节一：

在20秒内，看谁能最迅速地将校服折叠整齐。

一声令下，学生都开始折叠校服，最终奖励最快、最整齐的前5名学生文具盒一个。

环节二：

在3分钟内，看谁能最迅速地将书桌内部、桌面整理清洁、整齐。

倒计时开始，学生们快速开始行动，最终奖励桌面、桌内整理最干净整齐的前5名学生笔记本一个。

师：通过两个小游戏，相信大家以后会更加珍惜自己的劳动成果。

6. 劳动总结

师：在2018年举行的全国教育大会中，习近平总书记提出要在学生中弘扬劳动精神。要求“教育引导学生崇尚劳动、尊重劳动，懂得劳动最光荣、劳动最崇高、劳动最伟大、劳动最美丽的道理，长大后能够辛勤劳动、诚实劳动、创造性劳动”。这九个方面的要求，既具有强烈的针对性，又具有鲜明的时代性。我们应该重视劳动，真正做到让劳动在青春中闪光。请同学们针对自己写下的“劳动病症”，为自己开一剂良方。

生1：我的“病症”是在家基本不做家务，药方是以后尽力做一些，也减轻父母的负担。

生2：听了之前同学说的社会服务，我深有感触，我在寒假里也一直在世界之窗地铁站做义工，并且成为福田义工联的一分子。我准备在假期继续坚持这一行动，希望我的小伙伴们可以跟我一起行动。

生3：学校里的保洁阿姨们非常辛苦，我们楼层的阿姨胳膊受伤了打了石膏依然坚持工作。我们更加应该珍惜她的劳动成果，做到不在走廊、厕所乱丢垃圾。如果垃圾掉在桶外，也请大家伸手捡起来。

师：同学们说得非常好，我为你们骄傲。

（循环播放学生们值日、做义工、做家务的照片集锦。）

师：同学们今天的表现非常棒，希望这节班会课对大家是有启发的。让我们一起行动起来，让劳动在青春中闪光！

7. 课后劳动

（1）根据各自的“病症”以及“良方”，制订劳动计划，并做到每天打卡。

（2）利用假期多参加社会实践服务，并拍照留念。

（3）一个月后再次分发劳动情况调查问卷（分学生卷和家长卷）：分别就学生在学校和家里的劳动情况进行再调查。通过对比，对进步较大的8名学生进行奖励，每人1本名著。

【班会效果】

课后学生们值日更认真了，在家也承担了一部分家务，假期还纷纷组团报名参加社会服务。

【班会反思】

1. 在主题班会中，教师的引导作用固然重要，但学习的主体是学生，本节课应该为学生提供更多自主学习的时间。

2. 在比拼环节做到了人人参与，但是在提问和畅聊感悟环节，学生并没有积极热烈地参与；教师在问题设计上可以再巧妙一些，以提高学生的兴趣。

我和我的祖国

深圳市福田区教育科学院附属中学　陈洁丽

【学情分析】

初中生正处于价值观形成和塑造的重要时期，作为一名中国人，接受爱国主义教育显得尤为重要。这一代孩子是幸福的，生活在一个幸福的时代，物质生活较充裕，对祖国成立前后及艰苦建设的过程感受不够深。为强化学生的爱国意识和公民意识，特召开此次主题班会。

【设计理念】

正值中华人民共和国成立70周年的重大庆典时刻，全国各地人民以各种形式迎接和欢庆祖国母亲的生日。借此机会召开此次主题班会，结合新时期中学生的时代特点，开展爱国主义和民族精神教育，让学生感受祖国繁荣发展带来的自豪感和荣誉感。希望通过主题班会让学生明白爱国就要承担起自己的责任，坚定学习不仅仅是为了自己，更是为了祖国的发展的新念。

【班会目标】

1. 培养学生热爱祖国的情感，激发学生的民族自豪感。

2. 让学生懂得爱国与责任的关系，明白我和我的祖国共成长、共荣辱的含义，坚定为实现中国梦而艰苦奋斗的理念。

3. 让学生从小事做起，学会承担责任。在活动过程中培养学生的组织能力和口头表达能力。

【班会过程】

1. 活动准备

（1）挑选及培训班会主持人（2名）。

（2）全班学生提前学唱《歌唱祖国》，准备“我心中的祖国”手抄报。

（3）确定及指导历史小学者。

2. 班会过程

（1）主持人甲播放电影《我和我的祖国》预告短片，并提问：哪位同学知道这是什么短片？

（学生回答略。）

主持人乙：是的，同学们对国家的电影事业非常关注，也可以看得出同学们对祖国发展的关心之情。2019年是举国欢庆的一年，因为我们迎来了中华人民共和国成立70周年的伟大时刻——伟大祖国的生日。

音乐响起，主持人齐唱《今天是你的生日》（片段）。

主持人甲：我们即将迎来祖国母亲70岁的生日，这一刻，我们心潮澎湃。

主持人乙：这一刻，我们豪情满怀。

合：让我们一起迎接祖国母亲的生日，初一（6）班“我和我的祖国”主题班会现在开始。

（2）第一环节：祖国知多少。

（设计意图：开展“祖国知多少”知识竞答，激发学生的兴趣，调动学生的热情和好奇心）

主持人甲：通过活动，看得出我们的同学对祖国的关心。虽然我们生活在和平而又幸福的时代，但不要忘记幸福的背后承载了多少生命的付出，我们的祖国一路走来，多么地不容易。

（3）第二环节：祖国历经沧桑——大事件回顾。

（设计意图：请班级历史小学者在全班学生自由讲述各种历史事件后进行补充。一方面调动全班学生回顾中华人民共和国成立前经历的沧桑。另一方面给予班级内的历史小学者一个展示自我的平台。）

主持人乙：我们的祖国母亲历经沧桑终于站起来了，从站起来到跑起来，再到飞起来，这中间不知道付出了多少努力。今天我们生活在这么幸福的时代，要珍惜。但有人也许不懂为何要珍惜，让我们一起走进那个时代再与如今的时代进行对比吧。

（4）第三环节：影视空间——祖国70年巨变。

（设计意图：播放视频对比祖国70年的巨变，让学生深刻感受今天幸福生活的来之不易，引导学生学会珍惜生活，激发学生对祖国发展和繁荣富强的自豪感和自信心。）

主持人乙：有国才有家，国家好大家才会好。国家为我们提供和平而幸福的生活环境，那我和我的祖国有怎样的关系呢？我能为祖国做些什么呢？

（5）第四环节：交流讨论，我能为祖国做些什么？（结合日常生活。）

（设计意图：通过交流讨论，培养学生的合作学习能力和语言表达能力，引导学生思考我和我的祖国的关系，思考如何在日常生活中落实"爱国"二字，引导学生学会从我做起、从小事做起。）

播放短视频"男孩在路边扶起倒下的国旗"。

师：爱国并不遥远，只要心中有祖国，行动上爱祖国，从小事做起。

（6）第五环节：我和我的祖国。

主持人甲：在这万民同乐的时刻，

主持人乙：在这繁荣昌盛的时代，

合：有国才有家，国家好大家才会好。我和我的祖国，一刻都不能分离。我们豪情满怀，让我们一起高举献礼（手抄报），高歌一曲《歌唱祖国》，祝祖国70周年生日快乐！

合唱《歌唱祖国》。

（7）小结：同学们，祖国风光无限好，祖国儿女多自豪，让我们为实现中国梦努力奋斗吧！

【班会效果】

良好。

【班会反思】

在班会的准备过程中，首先要处理好活动的分工。要根据不同学生的特点，将任务明确分工，指导学生完成任务。明确责任学生可以更好地展示自我。

活动式班会需要学生合作完成，比较烦琐，需要所有学生积极参与和良好合作。在此过程中，学生可以感受到团结合作的重要性，并且在磨合的过程中也能锻炼和提高学生的团队合作能力和语言表达能力。

教师不能全抓，要学会适当放手，让学生在试错的过程中学习和发展。教师在容错的过程中也要积累教学经验，提高自己的专业水平。

安全伴我行

深圳市福田区教育科学院附属中学　陈能娇

【学情分析】

本班共有学生44名，其中男生20名，大部分个性活泼好动。在平时的学习生活中，学生们安全意识淡薄，追赶打闹现象比较频繁，安全隐患时刻存在。

【设计理念】

安全是学生健康成长的重要保障，自我保护是学生健康、快乐成长的必备能力。通过本次主题班会，培养学生自我保护意识及远离危险的意识。

【班会目标】

1. 让学生树立安全意识，从思想上重视安全问题，远离安全隐患，加强自身素质培养。

2. 增强学生的安全意识，使学生学会一些自救方法，培养紧急情况下的应急能力。

3. 让学生了解交通、活动、意外事件中应具备的安全知识，并学以致用，做安全教育的小小宣传员。

【班会过程】

主持人1：有资料显示，我国每年中小学生的非正常死亡（因安全事故、食物中毒、溺水、自杀等原因死亡）人数都在1万人以上。国家儿童少年安康成长计划公布的数字显示，2008年，我国中小学生非正常死亡的人数达到1.6万人，平均每天有40多人——相当于一个班消失。

主持人2：有专家指出，通过安全教育提高中小学生的自我保护能力，80%的意外伤害可以避免。

主持人1：校园是学生日常学习生活的主要场所，校园安全至关重要。同学们知道校园安全包括哪些方面的内容吗？

（校园安全包括课间安全、体育活动安全、实验课安全、劳动课安全、校园暴力安全防范与异性独处安全等。）

主持人2：今天就让我们一起来学习安全知识，做一个有安全意识、能自我保护的人吧！

合："安全伴我行"主题班会现在开始！

1. 课间安全教育篇

第一小组讲故事：

2010年11月29日12时许，位于新疆阿克苏市杭州大道的阿克苏第五小学发生踩踏事故。当时正是课间操时间，学生从楼上蜂拥而下，前面的学生摔倒后引起踩踏，楼梯扶手被挤歪，造成学生被挤伤或摔伤。在学校上课的学生有1800多人，有41名学生受伤被送往医院，其中7人伤势较重，1人有生命危险。

第二小组讲故事：

2006年11月18日晚，江西省九江市都昌县土塘中学初一年级学生在上完晚自习下楼时，因拥挤踩踏造成人员伤亡。有6人在送往医院抢救途中死亡，39名学生因受惊吓及受伤被送往医院治疗观察。

（PPT播放医生正在抢救被踩踏学生的图片。）

主持人1：同学们，看完这两则案例，你有什么感受呢？我们如何在日常学习生活中避免这种危险和伤害呢？

学生小组讨论、畅所欲言。

主持人及时总结。

课间活动的安全要求：

（1）不要在狭窄的教室门口、楼道内推搡、拥挤成一团，或者猛冲猛跑、追赶打闹，以免跌倒摔伤自己或撞伤别人。

（2）上下楼梯要尽量靠右行，要走好、走稳，以免慌里慌张失足跌下楼梯。不要骑在楼梯扶手上下滑。不要在教室内打打闹闹，或要弄教具、拖把、扫把等，以免被桌椅碰伤或伤到其他同学。

（3）进出教室、楼门时，要轻推轻放，用力推门、关门极易使门产生强烈的弹力，撞伤自己和他人。雨天不要在走廊奔跑，在宣传栏处要注意安全。

2. 体育活动安全教育篇

（视频播放典型案例“监控下的篮球场悲剧”。2008年5月的一天，佛山某中学的小王同学，课间休息时走到篮球架下（较矮），用手抓住篮球网圈往上爬。突然篮球架被拽倒，钢制的篮球网圈砸在他胸部，小王同学经抢救无效死亡。）

主持人2：同学们，打篮球是许多同学的兴趣爱好，这本来是一件锻炼身体的好事，但如同视频里看到的，如果缺乏安全意识，往往容易酿成悲剧。那么，在平时的体育活动中我们要注意哪些问题呢？

学生小组讨论、畅所欲言。

主持人及时总结。

体育活动的安全要求：

（1）在进行推掷铅球、标枪等运动项目时，要在规定的场地进行，并听从体育老师的口令，按规范的动作进行；观看的同学也要站在安全区域，以免受伤。

（2）无论课上还是课下都不要爬篮球架、足球门，以免脱手跌伤自己，或因篮球架、球门倾倒而砸伤自己或他人。

（3）体育课上，不要互相打闹，更不要拿标枪、铅球等体育教具要弄，以免失手伤及他人，或使自己意外受伤。

（4）要事先做健康体检，如有不宜运动的疾病，应提前报告老师；出现头晕、恶心、冷战等异常情况时，应立刻报告老师。

3. 校园劳动安全教育篇

（视频播放典型案例“监控下的一幕”。上海某学校的学生杨某，在五楼教室内，踏上窗台，跨出窗外去挂脱了钩的窗帘，不慎坠楼身亡。）

主持人1：刚刚的视频看得我们心惊胆战，也心痛不已。劳动本是一种美德，但因为一失足而丢了性命，却是我们不愿看到的。请同学们想一下，如何避免类似的悲剧呢？我们在校园劳动时应该注意哪些问题呢？

学生小组讨论、畅所欲言。

主持人及时总结。

校园劳动的安全要求：

（1）大扫除擦玻璃时，一定不要站在窗台上或将身子探出窗外，以免发生意外事故。严禁学生擦高层教室的玻璃。

（2）擦拭风扇、灯管，应事先切断电源，并用干布擦拭，在擦拭过程中其他同学不要随意拨弄开关或按钮。

（3）要按秩序领取劳动工具，不要哄抢，不要拿劳动工具玩耍。劳动结束后要有秩序地收齐工具。

4. 交通安全教育篇

主持人1：请同学们看以下数据：

第一次世界大战死亡2000多万人。

第二次世界大战死亡3600多万人。

第一辆汽车问世以来，已有4000多万人死于滚滚的车轮下，平均每6分钟死1个人。

据统计，我国每天因车祸死亡的学生达一个班的人数之多。这是为什么呢？

主持人2：主要是因为人们的交通安全意识太淡薄了！人们啊！请爱护生命，请自觉遵守交通规则！同学们你们都知道哪些交通安全知识呢？请欣赏小品《我在马路边》。

主持人1问：大家在刚才的小品中发现了哪些问题？怎么做才能避免交通事故呢？

学生小组讨论、畅所欲言。

主持人及时总结。

交通方面的安全要求：

（1）小口诀。通过交叉路，记得停、看、听，红灯停、绿灯行，遵从警察指挥往前进。

（2）不在马路上嬉戏。马路如虎口，行人小心走，路上贪游戏，受伤惨兮兮。

主持人1：同学们，通过今天的主题班会，相信你我都收获了许多安全知识，我们一定要牢记安全的重要性。

主持人2：是的，安全太重要了，没有安全的保障，我们就失去了生活的意义。在此之前，我们多多少少都犯过一些糊涂，给自己和他人带来许多安全问题。请同学们回想一下自己曾经做过的危险事情，把它写在小卡片上，投入箱子里，让它不再出现在你的生活中！

主持人1：是的，让我们铭记这些教训，时刻把安全放心中，让我们远离安全隐患，学会自我保护，在校园里更加健康、快乐地学习、生活！

合："安全伴我行"主题班会到此结束，谢谢大家！

【班会效果】

良好。

【班会反思】

本次主题班会密切联系本班实际情况，针对开学第一个月出现的各类安全隐患事件，以班级问题为切入点，以学生为主体，放手让学生们去观察现象、寻找资料、讨论问题，在此过程中，逐渐渗透安全教育。一次主题班会只是起到画龙点睛的作用，于学生而言，我想过程才是更加宝贵的一笔财富。班会由两位小主持人循序渐进地引导大家，这需要前期进行定向培养。定方向、写主持稿，这都是很好的锻炼机会。讲故事的小组需要分工合作，有人讲，有人演，有人搜集资料图片、制作PPT。演小品的小组需要更加默契地去排练，细心打磨演技。这些都需要合理安排时间，无疑加大了学习压力。但一次活动的准备就是一场独一无二的历练，老师作为一名指导者，旨在培养学生在做中学，收获更多课本上学不到的知识。

文明礼仪，从我做起

深圳市福田区教育科学院附属中学　黄美花

【学情分析】

初一刚入学的学生既懂事又不懂事，既追求独立又有依赖性，既有些稚气又有点反叛，但他们的可塑性也很强。作为深圳市中心区福田区学校的教育工作者，我肩负着培养学生文明礼仪修养的重大使命，所以在新生入学初召开“文明礼仪，从我做起”的主题班会，帮助学生自觉地按照行为礼仪规范的要求约束自己，培养他们遵守纪律的意识以及良好的行为习惯和学习习惯。

【设计理念】

学生基本素质的养成要从文明行为习惯抓起。对刚入学的初一学生来说，养以正，教以道。良好的行为习惯和学习习惯将使他们今后受益颇多。初一是德育教育的最佳时期，应教育学生从自己做起，从小事做起，懂礼貌、重礼仪、守纪律，努力提高他们辨别是非的能力，为今后的学习和生活打好基础。

【班会目标】

在“文明礼仪，从我做起”主题班会的准备过程中，全班学生都要积极主动参与，并自觉地接受教育；在日常的学习和生活中，学生也要约束自己的不良行为，达到比说服教育更有效的教育目的。

【班会过程】

1. 班会准备

（1）组织学生学习《中小学生礼仪规范手册》《中学生日常行为规范》《深圳市福田区中小学生文明礼仪三字歌》。

（2）组织学生进行有关知识竞赛。

（3）结合日常生活实际，每人写一篇“文明礼仪，从我做起”的周记作文，谈感悟、体会和计划。

（4）全班学生民主选出“文明之星”“学习之星”“劳动之星”“纪律之星”四名班级之星。

（5）选派四名学生排练表演一个小品（班级真实故事再现）。

（6）选派四名班级小记者准备采访班级之星的材料。

（7）选派两名学生准备校园礼仪的实例或名人故事。

（8）教室布置：前面黑板上写上主题，学生围成一个大方形坐好。

2. 程序

（1）主持人引导进入主题班会活动。

（2）全班同唱《深圳市福田区中小学生文明礼仪三字歌》。

（3）文明礼仪知识抢答赛。

（4）四名班级之星答记者问。

（5）小品表演。

（6）介绍名人故事。

（7）班主任发言。

3. 具体流程

宣布主题班会结束。

男、女主持人：老师、同学们，大家好！

女主持人：几个月前，我们刚刚告别了小学的愉快生活，迈进了中学的大门。我国是文明古国、礼仪之邦。俗话说，百善礼为首，万恶私为先。社会经济发展水平日益提高，每个人的道德礼仪素养也应随之提高，我们每一个中学生更应从点滴小事做起，从我做起，成为讲文明、重礼仪、守纪律、品德高尚的人。

男、女主持人：初一（3）班“文明礼仪，从我做起”主题班会现在开始。

男主持人：礼仪就是律己、敬人的一种行为规范，是表现对他人尊重和理解的一个过程。讲文明、重礼仪是我们青少年弘扬民族文化、展示民族精神的重要途径。然而现在，我们有些同学是怎么做的呢？

女主持人：作为学生，我们有时候上课不遵守纪律，下课追逐打闹、随地吐痰、乱丢垃圾、踩踏草坪，说话满口“脏”字，与同学相处动不动恶语相向，甚至大打出手，对老师的教导不理不睬、充耳不闻。这些行为，哪里有尊重可言呢？

男主持人：那么我们要怎样做一个讲文明、重礼仪、守纪律、品德高尚的人呢？首先，请全体同学起立，同唱《深圳市福田区中小学生文明礼仪三字歌》。

女主持人：下面让我们听听同学们对文明礼仪，特别是校园礼仪的深刻认识吧！我们将进行问答题抢答赛，请同学们以最快的速度和最简练的语言抢答。主持人说“开始答题”，谁先站起来谁回答，每人限一次抢答机会，答对者加1分。

男主持人：开学以来，我们班涌现许多注重文明礼仪、守纪律、懂规矩的好学生。姚××、段××、许××、谢××同学分别被评为班级学习之星、文明之星、劳动之星和纪律之星。让我们以热烈的掌声祝贺他们！下面听听他们接受本班小记者采访时所谈的感受和体会吧！

记者A：你认为自己学习好最大的秘诀和窍门是什么？

姚××：珍惜每节宝贵的课堂，听老师的话。

记者A：请你给班级在这方面做得不够好的同学们提提建议和希望吧！

姚××：为了明天能成为有用的人，让我们从遵守课堂纪律这件小事做起！

记者B：祝贺你被评为“文明之星”！请问你觉得对于中学生来说，文明礼仪有多重要？

段××：文明礼仪是我们生活和学习的前提条件，也是我们健康成长的基本要求！

记者B：你认为自己在日常学习生活中最注重什么？最喜欢与什么样的人交往？

段××：诚实、守信、谦逊、好学、乐于助人的人。

记者C：你是我们班的劳动委员，班级的卫生工作你功不可没，你觉得要做好这份工作，应该具备的最重要的品质是什么？

许××：有强烈的责任心，能吃苦耐劳，班级利益高于一切！

记者C：你认为班级同学在这方面需要改进的地方在哪里？

许××：需要加强主人翁精神，爱护好我们的教室和校园，从身边点滴小事做起。

记者D：任何一个集体都是以纪律为保证的，你赞同吗？平时你是怎样严格要求自己的呢？

谢××：不能自己想怎样就怎样，要明辨是非，知道什么是对的什么是不对的！一切都要按照集体的规则去做。

记者D：你觉得什么样的集体才是好集体？你心目中理想的初一（3）班是怎样的呢？

谢××：团结、友爱、守纪、自尊、自强！

女主持人：同学们，你们可曾想到，我们今天有这么好的学习环境，能够安静地在教室里读书学习，是多么幸福啊！可惜现在，有的同学不珍惜宝贵的课堂，不珍惜老师的劳动成果，在课堂上不听讲，回家不完成作业，第二天早晨抄别人的作业。有的同学不热爱我们这个友爱的集体，不珍惜与同学们和睦相处的机会，恶作剧，打击报复，为了一点小事就恶语相向，甚至拳脚相见。这真是让人痛心呀！在我们班集体中就发生过这样的事情，请大家欣赏小品。

（由四名学生表演。班级真实故事重现。）

小品简介：平时课间，同学甲和同学乙经常互爆粗口。一天上体育课，自由活动时，同学甲的好友同学丙和同学丁平时也看同学乙不顺眼，想帮同学甲出口气，于是把同学乙叫到一边角落，对他拳打脚踢，同学乙被打得浑身疼痛，告知班主任，还去医院检查了身体。

男主持人：看完这个小品，请同学们进行小组讨论，小品中的主人公这样做对不对？在我们的生活中，与同学发生了矛盾冲突应该怎样解决？（学生自

由发言略）

男主持人：真诚友爱是一种崇高的道德情感，要树立“心中有他人”的观念，同学之间要平等待人、相互尊重、友爱团结，用你的真诚去爱别人，必会得到别人真诚的回报。我们每位同学都要有集体意识。在集体生活中，要顾全大局，不可我行我素。在你付出的同时，也将得到他人的尊重。让我们听听一位同学讲述名人文明礼仪的故事。

女主持人：接下来，请翻开书上第64页，让我们一起朗诵礼仪小故事《程门立雪》。

女主持人：这个故事中，杨时是多么尊重老师啊！如果在座的每一位同学都能从心里尊重老师，自然就会尊重老师的劳动成果，认真听课，遵守纪律，校园礼仪自然就不在话下了。最后，请班主任总结发言。

班主任：文明礼仪存在于我们平时学习和生活中的每一件细小琐事中，说来容易，但也是最难坚持的事。做文明人，就要讲文明语，不说脏话、粗口；做文明人，就要尊重他人；做文明人，就要拒绝暴力；做文明人，就要自觉养成文明的行为习惯和学习习惯。同学们，播种一个动作，收获一个习惯；播种一个习惯，收获一个品格。品格决定命运啊！让我们从自己做起，从现在做起，从身边点滴小事做起，讲文明语、做文明事、当文明人，争做一名德、智、体、美全面发展的优秀中学生！

男、女主持人：初一（3）班“文明礼仪，从我做起”主题班会到此结束。

【班会效果】

良好。

【班会反思】

（1）这次班会活动达到了预期的目标。

（2）步入中学时代是人生步入青春的开始，此时的中学生开始追求独立和个性，但又很盲目。学校、班集体的教育学习活动可以引导青少年迈好青春第一步，使他们明确自己的责任，懂得在这里要学很多东西，包括学会做人、学会求知。

（3）本次班会活动，我注意了教育性、娱乐性、趣味性的结合，使学生们在活动中认识到，在平时的一言一行、学习和生活中，要讲文明、重礼仪、守纪律，要从点滴小事做起，从自己做起。只有这样才能培养良好的习惯和优秀的道德品质。

不做手机的“奴隶”

深圳市福田区教育科学院附属中学　黄霞飞

【学情分析】

本班共有学生39名，在平时的学习生活中，经常出现做课后作业时用微信闲聊、用手机“淘宝”，深夜玩手机、看小说、刷视频等不良现象，令人担忧。

【设计理念】

1. 充分体现“教师主导、学生主体”的教育理念，以学生为中心，充分发挥学生的主观能动性，提高他们的参与度。

2. 努力践行“探究式学习”“合作学习”的先进学习理念，让学生参与各种情境，与同伴合作演出情景剧、参与讨论等，让学生在自主探究、合作学习的过程中形成正确的“手机观”。

【班会目标】

通过本次班会，学生能够正确认识到手机给我们日常学习和生活带来的便利，也能明白不正确使用手机甚至“滥用”手机会给我们的身心、家庭和学习造成不良影响，从而形成正确的“手机观”，并以此来规范自己今后的手机使用情况，做手机的主人，充分发挥手机的积极作用。

【班会过程】

1. 情境导入，引出活动主题

上演学生自编自演的系列情景剧《自从有了手机》。情景剧以学生课后的真实生活为蓝本。

2. 小组讨论，重新认识手机的“好”与“坏”

情景剧之后，以小组合作的形式进行讨论：手机在我们的日常学习生活中扮演了什么角色？给我们带来了哪些便利？造成了哪些消极影响？

学生1：手机让我们的生活更便利，如网上购物、预约看病等。

学生2：手机让我们更快捷、全面地获取最新的信息。

学生3：我们的爸爸妈妈老是拿着手机，都很少跟我们说话了。

学生4：我们好多小伙伴沉迷手机，都不能全身心投入学习了。

（设计意图：让学生带着疑惑和兴趣参与讨论，思维碰撞。）

3. 个人分享，总结讨论成果

小组成员上台分享自己的观点，表达小组讨论的成果，其余小组在倾听的时候在自己的KT板上总结。最后教师小结：同学们，手机真的给我们的生活带来了极大的便利，但是如果不正确使用手机，我们有可能成为它的“奴隶”。

小组1：手机已经成为我们生活中不可或缺的一部分，不能不用，但是要正确使用。

小组2：作为学生，我们目前最重要的任务是学习，只有完成了每天的学习任务，我们才能使用手机。

（设计意图：分享的时候引发更多的思考，引导学生综合其他人的观点，然后总结形成新的认识。）

4. 情景剧续集

学生1通过不断地关心、开导其好友学生2，同时寻求老师的帮助，最终打开好友的心扉，引导他合理使用手机，使他回到正常的学习和生活中。情景剧结束后，全班掌声响起，学生们若有所思。

5. 再次讨论，如何做手机的“主人”

学生再次发挥主体地位，探究、合作、讨论我们初中生在日常学习生活中究竟该如何正确使用手机，发挥它的积极作用。

小组1：我们应该合理规划我们的学习和生活。手机给我们带来了便利，但是它只是工具。

小组2：周一至周五，我们尽可能不使用手机，因为我们有很多学习任务需要完成。

小组3：我们是手机的主人。

（设计意图：由学生自发提出合理使用手机的相关做法，更有利于落实。）

6. 集体宣誓，不做手机的“奴隶”

根据各个小组及班主任的总结，快速整理事先准备好的“不做手机的‘奴隶’”誓词，全班学生与老师一起集体宣誓，把活动推向高潮。

（设计意图：通过神圣的集体宣誓，激发学生的情感与信心。）

7. 签名总结，许下自律的诺言

班主任对本次班会活动进行总结，鼓励学生们坚守自己的选择，并在班级签名墙（宣传组事先准备）写下自己的名字，立下自律使用手机、努力成就自我的决心。学生们纷纷走向签名墙，写下自己的姓名，下定决心不做手机的“奴隶”。

【班会效果】

良好。

【班会反思】

本次班会活动应该充分发挥学生的主体地位，最大限度地让学生组织，从而获得更好的班会效果。活动前，班主任应该提前做好相关活动环节的设计，培训好主持人，并将任务细化分给各个小组，如情景剧的编排、签名墙的设计等。

友谊小船，荡起双桨

深圳市福田区教育科学院附属中学　李静怡

【学情分析】

本班共有学生44名，刚刚升入初一，正在建立新友谊。在平时的交往中，学生们容易因琐碎小事起矛盾、互相指责。学生包容理解意识薄弱，班级尚未形成友爱互助的氛围，个别学生还存在交友不当现象。

【设计理念】

取材于学生亲身经历的真事，接地气，贴近学生生活。

【班会目标】

知识与能力目标：学习正确的交友原则。

过程与方法目标：学会建立友谊与守护友谊的方法，并恰当处理与同学相处过程中产生的矛盾。

情感、态度与价值观目标：树立正确的友谊观，明白友谊的珍贵。能够意识到在生活学习中要发扬友爱互助的精神，增强班级凝聚力。

【班会过程】

一、弃“塑料”友谊，寻真正友谊

1. 开场引入

（播放音乐会现场视频《友谊天长地久》，用时1分钟）

音乐声快结束的时候两位主持人A、主持人B走上讲台。

主持人A：真是非常熟悉的音乐，是不是？

主持人B：是啊，这让我想起了旧时的友谊。小时候的玩伴，如三月的春风一般温暖。

主持人A：没错，友谊是一种能融化冰雪、胜过烈火，给人们以无穷智慧和力量的感情。

主持人B：正如一位诗人所说，人的一生，如果没有得到真正的友谊，就是贫瘠的一生、荒凉的一生，像没有绿色生命的土地，像没有枝叶和花朵的枯树。

主持人A：今天，让我们一起探讨珍贵的友情，一起走进我们今天的主题——朋友和友谊。

2. 打开心窗——名言赏析+小组讨论发言

主持人B：那友谊是怎样的呢？怎样的朋友才是真正的朋友呢？

主持人A：我也在思考这个问题，我想每个人对友谊的看法都是不同的。友谊自古有之，让我们看一下古今中外的大家们是怎么看待友谊的。

（1）友谊使欢乐倍增，悲痛锐减。——培根

（2）真正的友谊不是一株瓜蔓，会在一夜之间蹿起来，一天之内枯萎下去。——夏洛蒂·勃朗特

（3）真正的朋友，在你获得成功的时候，为你高兴，而不捧场。在你遇到不幸或悲伤的时候，会给你及时的支持和鼓励。在你有缺点可能犯错误的时候，会给你正确的批评和帮助。我们应该这样要求自己的朋友，这样的友谊才是真正可贵的。——高尔基

（4）海内存知己，天涯若比邻。——王勃

（5）劝君更尽一杯酒，西出阳关无故人。——李白

主持人B：赏析了这么多名言诗句，我们不难发现，古往今来，名人们对友谊真谛的领悟各不相同，对友谊的探讨也从未停止。

主持人A：是的，不知在座的各位同学对友谊的看法又是如何呢？

主持人B：我已经有点迫不及待了。

主持人A：哈哈，那么下面就让我们一起进入讨论环节。请各位同学畅所

欲言，以小组为单位讨论何为真正的朋友与友谊，并选出一名代表发言。

（学生讨论发言，班主任总结）

班主任：通过聆听各位同学的发言，我们发现生活中不能没有朋友。真正的朋友会与你一起飞翔，去接受风雨的洗礼，去迎接困难的挑战，去播种美好的希望，去寻觅人生的真谛。既然朋友与友谊如此珍贵与重要，那么在你成长的路上，你会选择怎样的朋友与你一路相伴呢？

二、友谊小船，谁能同舟共济

主持人A：老师的总结十分发人深省，友谊真是一种神奇的情谊，对于同一件事，不同朋友的做法可能带来不同的结果。人们虽赞美友谊，但又强调“慎择友”。我们中国就有“近朱者赤，近墨者黑”的说法。那么谁有资格成为你友谊的小船上的朋友？你会如何选择朋友呢？班上有没有你想要的这种朋友？

（学生发言时间）

主持人B：说得太好了，同学们心中对朋友都有非常美好的期待，在言谈中都体现了大家“善交益友，不交损友，乐交净友”的交友原则。

主持人A：这里展示了一部分我们要求我们的朋友具备的美好品质。孔子也说：“益者三友，损者三友。友直、友谅、友多闻，益矣；友便辟、友善柔、友便佞，损矣。”希望我们能够细细思考、认真体会，坚持正确交友原则。

三、友谊小船，如何劈风斩浪

主持人A：在成功找到真诚的小伙伴后，友谊之旅其实只是刚刚起步。

主持人B：是的，成长是一个漫长之旅，友谊的小船要如何应对风浪，顺利扬帆远航，而不是说翻就翻呢？下面让我们带着这个问题，一起来欣赏×××、×××、×××带来的情景剧。

主持人B：谢谢这几位同学为我们带来的精彩表演。

主持人A：看完了这个表演，同学们有什么想法呢？你怎么评价剧中人物的行为？如果你的朋友发生了这样的事情，你又会怎么帮他/她处理呢？

（学生们踊跃发言）

（主持人总结）

主持人A：看来大家都已经意识到友谊要建立在互相理解与包容的基础

上了。

主持人B：没错，友谊建立之后，不能撒手不管，而是要持续地守护。刚刚说了那么多，我们不难总结出建立与守护友谊的方法。

四、写给朋友的悄悄话

主持人A：马克思说过："人的生活离不开友谊，但要得到真正的友谊才是不容易；友谊总需要忠诚去播种，用热情去灌溉，用原则去培养，用谅解去护理。"

主持人B：是的，所以当我们收获友谊的时候，我们就要去呵护。现在，我们发下明信片，每一个人选择班级中的一位朋友，在明信片中写下要对他/她说的话。

主持人A：请认真真诚地写，可以写感谢的话，也可以写忠告的话，或者鼓励的话，等等。

（学生书写，时间5分钟）

主持人B：请同学们把手上写好的明信片马上送到你的朋友手中，然后迅速回到自己的座位。

小结：人的生活离不开友谊，它是人类美德的种子，就像一盏明灯在指引、激励着我们发奋向前。这一次班会让大家懂得了什么是真正的友谊，明确友谊的珍贵。希望同学们在平时的学习生活中互相尊重、互相爱护、互相帮助，形成一个团结互助的班集体。

【班会效果】

良好。

【班会反思】

1. 对主持人的培训要到位，分工要合理。

2. 最后可推荐一些关于朋友的课外读物或电影。

初三，年轻的战场，我们不留遗憾

深圳市福田区教育科学院附属中学　李雯湘

【学情分析】

本班共有学生45名，学生在初一、初二的学习生活中，学习意识比较淡薄，集体观念更是不强，对于中考没有明确的目标，以至于班级的纪律性较差，学风较差。

【设计理念】

引导学生观看名人演讲，启发学生动脑思考，再通过“心有千千结”的游戏，步步深入，让学生在实践活动中体会到团结协作的力量和意义，即只要团结协作，做好安排，想出办法，无论什么做事情都能成功。一方面，使学生的自信心得到增强；另一方面，使学生懂得团结协作的重要性。最后，帮助学生做好切实可行的中考复习计划和本学期学习计划表，让学生能够深入思考，明确自己的中考目标。本节班会课主要以活动为主，目的在于让学生积极参与、体验，使团队意识在模拟练习中得到内化。

【班会目标】

希望通过本次班会课增强学生的自信心，使学生懂得，自己只要努力就一定能成功，激励学生积极应对中考，让学生在活动中感受成功的喜悦。

最后，帮助学生做好切实可行的中考复习计划和学习计划。

【班会过程】

1. 引出主题

听张杰的歌曲《年轻的战场》引出班会主题"初三，年轻的战场，我们不留遗憾"。

2. 看视频、听演讲

（毕淑敏老师）年轻的朋友们，很高兴能有这样一个机会，和大家谈谈我的青年时代，谈谈我这一生有没有遗憾。谢谢你们给了我这样一个机会。

关于遗憾，我查过字典，字典里有各式各样的解释，我最喜欢的一个解释就是：我们能够去满足的心愿，可是我们没有去完成，我们深感惋惜。

我想跟大家说的第一件事，就是在我年轻的时候，真是一件万分遗憾的事。那件事情如果发生了，我今天根本就不可能站在这里和大家做这样的一番分享。

1969年的时候，我不到17岁，就穿上军装从北京出发到达新疆。我们坐上了大卡车，（经过）6天的奔波，翻越天山，到达了南疆的喀什。

我的男战友们都留在了新疆的喀什，我们5个女兵又继续坐上大卡车向藏北出发。

这一次，这个世界在我的面前，已经不是平坦的了，它好像完全变成了一个竖起来的世界。

每一天，海拔从3000米到4000米，从4000米到5000米……直到最后，翻越了6000米的界山（它是新疆和西藏的一个分界山脉），进入了西藏阿里。

我恍惚觉得这已经不再是地球了，它荒凉的程度，让我觉得这是不是火星或者是月亮的背面。

我记得1971年的时候，我们要去野营拉练，时间正好是寒冬腊月。

我们要背着行李包，要背着红十字箱，要背上手枪，要背上手榴弹，还有几天的干粮，一共有60斤。

高原之上，寒冬腊月，滴水成冰，当时的温度有零下40℃。

有一天早上3点钟，就吹起了起床号，说是要翻越无人区。无人区一共有120里的路，中间不可以有任何的停留，要一鼓作气地走过去，因为那里条件特别恶劣，而且没有水。

走啊，走啊，走到下午两三点的时候，我觉得那个十字背包袋，仿佛全部嵌入到我的锁骨里面去了，压得我一句话都说不出来。

我觉得喉咙发咸发苦，我想我要吐一口肯定全是血。我想："这样的苦难何时才能结束呢？为什么我所有的神经末梢，都要用来忍受这种非人的痛苦呢？"

我当时就做了一个决定，我一定要自杀。

我不活了。面对这种苦难我无法忍受。这样决定了以后，我就开始打算什么时间坠崖而亡。

这样我就不断地在找合适的时机。

终于我找到了一个特别适合的地方，往上看就是峭壁高耸，往下看是深不见底的悬崖，我想我只要松开手掉下去，一定会死。

但是，突然我发现我后面的那个战友，离我太近了，我如果下去的话，一定会把他也带到悬崖下。我在想我虽然决定要死，可是也不应该拖累别人。

队伍在行进中，这样的好时机也是稍纵即逝，之后地势又变得比较平坦。我再想找这么一个地方，就不容易了。

这样走着走着天就黑了，我们就走到了目的地。

120里路就这样走过去了，背上那60斤的负重，也一两都不少地被我背到了目的地。

我站在雪原之上，把自己的全身都摸了一遍，每一个指关节，自己的膝盖，包括我的双脚，我确信在经历了这样的苦难之后，我的身体连一根头发都没有少。

那一天给了我一个特别深刻的教育：当我们常常以为自己顶不住的时候，并不是最后的时刻。

只要重整精神，就算当时我们觉得那是万劫不复，也依然可以找到它的出口，也依然可以坚持下来。

我知道，年轻的朋友们，在我们的生活中，会有各式各样的苦难。

有时候有的家长跟我说："您能告诉我一个方法吗？让我的孩子少受点苦难？"

我说："我能告诉你的，唯一可以确定的事情是，你的孩子他必然遭受苦难。"而且我们年轻的时候，我们的神经是那么敏感，我们的记忆是那么清晰，我们的感情是那么充沛，我们每一道伤都会流出热血。

所以尽管有很多人告诉你们，年轻是一个人最美好的时代，我也想告诉你，年轻是我们最痛苦的时候，我们会遭受很多很多的苦难。

但最大的遗憾，莫过于断然结束自己的生命，我想这是对生命的大不敬。而且以我个人的经历来讲，那一天我没有结束自己的生命，我坚持下来了，我才发现：

原来那最不可战胜的，并不是我们的遭遇，而是我们的内心。

人生是一个漫长的过程，年轻是多么地好！但是请你记住，有很多东西，当你不懂的时候，你还年轻；当你懂了以后，你已年老。

那么让我们的理想不要变成化石，让我们现在就行动起来，去实践我们的理想，让我们的人生少些遗憾。

3. 组织讨论

谈谈毕淑敏老师的演讲给你带来的深刻感受。

4. "心有千千结"游戏体验

（1）将全班学生分成若干个小组，每组若干人。每组成员手拉手站成一个圆圈，记住自己左右手相握的人。

（2）在背景音乐中，大家放开手随意走动，音乐一停脚步即停。找到原来左右手相握的人分别握住。

（3）小组中所有参与者的手都彼此相握，形成了一个错综复杂的"手链"。在节奏舒缓的背景音乐中，要求大家在手不松开的情况下，用各种方法，如跨、钻、套、转等，将交错的"手链"还原成一个大圆圈。

（4）自由讨论：通过游戏懂得了什么？

（5）活动分享：请说出你的感悟，和同学们分享。（只要团结协作，做好安排，想出办法，无论什么事情都能成功。）

5. 制订本学期学习计划表

当堂填写好，教师审核后放入学生的成长袋。

6. 宣誓

全体学生起立，举起右手，在班长的带领下宣誓：在新的学期里，我要严格执行我的计划，努力奋斗，学会学习、学会生活、学会做人。在中考中，我一定要取得好的成绩，在初三这个年轻的战场中，不给人生留下遗憾！

7. 班主任总结

同学们，中学时代是人生最美好的一段时光，如蓓蕾初放，又像旭日东升，充满希望和向往。在这美好的光景中，我们迎来了我们人生第一个“战场”。昨天已成过去，今天我们立志奋斗。祝愿大家在这关键而特别的备考年中，不仅能够静下来，铸我实力，还能拼上去，亮我风采，用这一载春秋，换一生无悔。

【班会效果】

良好。

【班会反思】

在主题班会的准备过程中，若提前做好分组工作，游戏活动进行得会更加顺畅。同时，每个小组要选出一个组长，负责组织组员进行活动，并协助老师做现场工作，避免浪费时间。

班会课中需要学生制订自己的学期目标，应该在班会课前提前布置给学生，让学生提前思考，了解目标学校的相关信息和分数线。这样在班会课上就不会出现有些学生不知道具体的学校信息，以至于无法为自己制订有效的学习计划的情况。

规划精彩人生，打造锦绣前程

深圳市福田区教育科学院附属中学　毛鸿斌

【学情分析】

本班共有学生47名，在平时的学习生活中，学生们比较散漫，不太明白自己为什么要学习，作业想做就做，不想做就不做，并且认为理所当然。

【班会目标】

1. 理解现实与未来的概念及特性。
2. 厘清自己的学生生涯历程，明确学习的方向，增强学习的动力。

【班会形式】

综合型。

【班会过程】

一、导入

同学们大家好，前一天我们刚好学习了梁启超先生的《敬业与乐业》这篇文章。从中我们能够感受到他对上海中华职业学校学子们的殷切寄语，希望他们能做一个“有业”的人、“敬业”的人、“乐业”的人。当然我们也能感受到梁启超对“无业”之人的极度痛恨之情。

当然，我在讲解这篇文章的时候是加入了个人的感情色彩的。我讲的时候语言犀利、怒目圆睁，大家知道是为什么吗？

（展示两张图片：未交作业记录本；上课时学生交头接耳，部分学生睡觉。）

引出学生的小组讨论：

我们现在的主业是什么?

我们的“敬业”“乐业”姿态应该是怎样的?

学生们基本都能明白，自己现在的主业是“学习”，也都能明白现在做到“敬业”及“乐业”应该至少要把作业完成，上课认真听讲，要主动学习，要以学习为乐。但是就是做不到。

二、分析形势，明白做好规划的重要性

1. 展示三类图片

（一年后各位学生可能的生活情景：展示各行各业及工作背景图——公务员、科研人员、教师、军人、建筑工地、清洁工等，展示人才市场人头攒动的图片，展示人才类型发生变化的图片。）

10年前毕业生中专科、本科各占一半，现在本科、研究生各占一半，未来研究生、博士生各占一半……

看图片后谈感想。这时从学生们眼中可以看出些许紧张感，神情比较凝重。但谈理想时，仍然比较茫然，只是说不想干这，也不想干那。

甲学生（调侃）：我可以做清洁工。

乙同学：现在科技这么发达，到时候还需要清洁工吗?

丙同学：说不定以后清洁工都需要研究生了呢?

2. 模拟招聘活动

全班学生分为两大组，一组为招聘方，一组为应聘方，进行模拟招聘。

招聘工种：清洁工、游戏开发人员、公务员等。

被招聘方进行个人优点展示。

三、班会尾声

1. 展示一份调查报告

27%的人没有目标，他们几乎都生活在社会最底层，他们的生活都过得很不如意，常常失业，靠社会救济，并且常常在抱怨他人、抱怨社会。

60%的人目标模糊，他们来自社会的中下层，他们能安稳地生活与工作，但都没有什么特别的成绩。

10%的人有比较清晰的短期目标，大都属社会的中上层人士。他们的共同特点是，短期目标不断地被达成，生活质量稳步上升，成为各行各业不可缺少的专业人士，如医生、律师、工程师、高级主管等。

3%的人不仅有明确的目标，而且能把目标写下来，经常对照检查。他们几乎不曾更改过自己的人生目标，他们始终朝着同一个方向不懈地努力。他们几乎都成了社会各界顶尖成功人士。他们中不乏白手创业者、行业领袖、社会精英。

同学们，这里我们同样借用梁启超先生的话，职业没有高低贵贱，从事任何一种职业都是光荣的，都是值得被尊敬的。但你想从事的职业是什么呢？以后还会有你的职业吗？你的职业是你愿意选择的吗，还是最后被塞给你的呢？这样你一辈子不是生活在痛苦中吗？

希望我们大家都能做自己的主人。我的人生，我做主！

2. 家庭作业

利用国庆假期，认真与父母商量，制订一份量身定做的中考计划。

【班会效果】

良好。

【班会反思】

学生的准备工作太过仓促，回答也太过随意。

感恩教育

深圳市福田区教育科学院附属中学　王雅巍

【学情分析】

本班共有学生45名，大多数是独生子女，自幼被视为掌上明珠。父母对孩子千般宠爱，要什么给什么。然而，孩子并没有意识到父母的付出，反而以自我为中心，不尊重父母。个别学生不懂得珍惜学习机会的来之不易，不会与同学友好相处。

【设计理念】

青少年时期是学生个性形成的一段重要时期，在这个阶段教会他们学习固然重要，但教会他们生活、教会他们做人同样重要。本节课通过感恩教育引导学生感受、体会和反思父母的养育之恩，表达对父母的感恩之情，思索对父母的报恩之举，在日常学习生活中体现报恩之行，学会关心身边的人、关心周围的世界，始终保持一颗感恩的心。

【班会目标】

学生了解感恩，懂得为什么要感恩，懂得怎样去感恩，真正学会做人。

【班会过程】

1. 导入班会主题

男主持人：我们每个人都获得过别人的帮助和支持，应该感谢这些帮助你的人。

女主持人：我们每个人都要感谢父母的恩情，感谢师长的恩惠。

男主持人：没有父母养育，没有师长教诲，没有大众助益，我们如何能存于天地之间？

女主持人：感恩不但是美德，更是为人的基本条件！

2. 讨论：我们怎样认识感恩？

学生1：所谓“感恩”，就是要记住别人对自己的恩惠，学会报答那些给过自己帮助的人。

学生2：我认为我们在生活中多帮助父母，多体谅老师，那就是感恩。

学生3：感恩是一种品德，是一种生活态度。我们只有学会了感恩，生活才会快乐，生活中才会有真挚的情感。

学生4：生活中我们要感恩父母，感恩老师，感恩所有帮助过我们的人。

小结：刚才几位同学都说了自己对“感恩”的理解，非常好。在生活中，我们首先要感恩的是父母，因为他们生养了我们；其次，我们要感恩的是老师，因为他们教育了我们；再次，我们要感恩朋友和对手，因为他们促进我们的成长；最后，我们要感恩自然，因为自然给了我们阳光雨露、蓝天碧树、四季变换。可以这样说，面对生活，我们就要怀着一颗感恩之心。

3. 学会感恩父母

游子吟

（唐）孟郊

慈母手中线，游子身上衣。
临行密密缝，意恐迟迟归。
谁言寸草心，报得三春晖。

4. 学会感恩老师

春蚕到死丝方尽，蜡炬成灰泪始干。

——晚唐·李商隐《无题》

讲述老师的恩德，说说你的感激。

5. 学会感恩他人

“赠人玫瑰，手有余香。”每个人都应常怀感恩之心。在学习、生活中，无论怎样都要找到感恩的理由，找到可以感恩的人。只有学会感恩他人，你才可能成为被感恩的人；只有感恩他人，你才能感动自己。善待他人，学会感恩，收获快乐！

描述身边的好事，谈谈心中的榜样。

6. 抓班级中具体事例展开教育

（1）表扬先进（滴水之恩，涌泉相报；投之以桃，报之以李）。

（2）反思落后（恩将仇报、见利忘义、过河拆桥）。

（3）播放背景音乐：回家。

7. 感恩方法大奉献

（1）为劳累的父母、长辈倒一杯茶，揉揉肩，洗洗脚，讲讲笑话。

（2）每天好好学习，学会尊重、关心老师，给老师一个好心情。

（3）体谅、理解父母、老师的苦楚，不顶嘴、不争吵，多为他们着想。

（4）每天分担一些力所能及的事，学会说“谢谢”“您辛苦了”。

（5）尊重父母、老师的劳动成果，反思过失，学会说“对不起”。

（6）学会关爱身边的人，存好心，做好人，及时给他人送上温暖。

（7）多做善事、好事，尽自己的力量报效国家、社会、人民。

（8）列一张感恩表，记下感恩的人，时时准备报答。

8. 结束语

老师有两个希望，一是希望你们做好人，二是希望你们学习好。有人把人才分为四类：有德有才、有德无才、有才无德、无德无才。我相信我们的同学都是人才，因此希望你们做有德有才的人，不要成为有才无德的人。要成为有德有才的人，就必须养成良好的习惯，做文明的学生。父母养育你们，老师栽培你们，虽然这些是父母与老师应该做的，但大家应该怀揣一颗感恩的心，用心去体会父母、老师对你们的好和爱。学会感恩，你才会帮助应该帮助的人，才能得到别人的帮助。

【班会效果】

良好。

爱国，我要怎样做?

深圳市福田区教育科学院附属中学　吴兴兵

【学情分析】

初二的学生，三观渐渐形成，时值中华人民共和国成立70周年，进行爱国主义和社会主义意识形态教育正当其时。

【设计理念】

在中华人民共和国成立70周年的重大时刻，全国人民正在以各种形式迎接祖国母亲的生日。借此契机，我通过主题班会这一生动有趣的形式，结合新时期中学生的时代特点，开展爱国主义和民族精神的教育，让学生自主了解爱国主义的含义。“爱国，我要怎样做?”是班会的主题，以此向全体学生宣传和弘扬民族精神的重要意义，希望学生能明白爱国就是承担起自己应负的责任，并树立崇高远大的理想，坚定为振兴中华而刻苦学习、努力奋斗的信念。

【班会目标】

1. 培养学生热爱祖国的深厚感情，激发学生的民族自豪感，营造良好的学习和活动氛围。

2. 让学生懂得爱国与责任的关系，明白爱国就是承担起自己应负的责任，坚定他们为振兴中华而认真学习、努力奋斗的信念，使他们树立崇高远大的理想。

3. 让学生明白爱国并不是高不可攀的事，而是随时随地都可以做到的。重要的是从我做起，从小事做起。

【班会过程】

主持人：今年的10月1日大家都特别激动是不是？当看完中华人民共和国成立70周年阅兵典礼后，我相信咱们每一位同学都激情澎湃，我们都会不由自主、发自内心地呐喊“我爱我的祖国”！本节班会，就让我们一起畅谈“爱国，我要怎样做”。

第一环节：国庆畅谈爱国之情

主持人：同学们知道今年的国庆是第几个吗？也请大家说说自己在国庆节期间都做过什么有意义的事情。

学生讨论交流。

主持人：谁才是真正的爱国人士？

第二环节：中华人民共和国成立70年

播放中华人民共和国成立70年来取得的辉煌成就，学生家长代表讲述自己近20年的生活变化。教师带领大家感受祖国的强大，使学生对“祖国强大，人民受益”形成共识。

第三环节：深情朗诵爱国诗歌

请两位学生朗诵关于爱国的诗歌《祖国在我心中》。

女主持人：每当我们抬起头，我们总能看到一幢幢耸立的高楼大厦。

男主持人：每当我们踏出一步，我们总能踩着那平坦的大道。

女主持人：每当我们回到家，我们总能躺在柔软、舒适的床上。

男主持人：从矮楼到大厦。

女主持人：从坑坑洼洼的小路到平坦的大道。

男主持人：从一张硬板床到一张席梦思。

女主持人：我们伟大的祖国有了翻天覆地的变化，有了令人欣喜的成果。

合：为了祖国未来的发展，我们将更加努力学习，为祖国做出自己力所能及的贡献，将我们的祖国建设成为一个美好的社会主义国家！

第四环节：爱国，我要怎样做？

主持人：鲜艳的五星红旗在宏伟嘹亮的国歌声中冉冉升起，是否每一次都能唤醒你们内心深处身为中国人的无比骄傲和自豪？你们一定会由衷地发声“我爱我的祖国”。谈到爱国，我们不禁要问，身为中学生，我们怎么做才算爱国呢？下面请分组讨论“中学生要怎样爱国？”

各组派代表分享观点。

主持人：同学们，听了刚才各组的观点，我感觉，为祖国流血牺牲轮不到咱们，干一些轰轰烈烈的大事似乎也不可能。其实呀，爱国体现在日常生活中的一点一滴，从自己擅长的事情开始，每天进步一点点、成长一点点，为自己的理想努力，这就是很好的爱国表现。

在此，我提出以下倡议：

当国旗在校园冉冉升起时，让肃然起敬的表情成为对爱国最好的诠释；当纸屑在校园的某个角落平躺时，让弯腰拾起的背影成为对祖国最美的回答；早读时，让爱国精神在大家郎朗的读书声中发光；课堂上，让爱国精神在大家的炯炯目光中闪现；与老师迎面而过时，让爱国精神在你甜甜的问候中放彩。国旗依旧飘扬，我希望我们大家的内心也如这高高悬挂的国旗一样，不低头，不妥协，坚持昂首挺胸。

第五环节：演唱爱国歌曲

主持人：下面请几位同学为我们展示自己的精彩才艺。演唱一首爱国主题歌曲，让我们在激荡人心的歌声中结束这次主题班会。

演唱曲目《爱我中华》。

主持人：在美妙的歌声中，本次主题班会到此结束。希望“爱国”不是一句口号，而是持久的行动。

【班会效果】

良好。

理想：生活的启明灯

深圳市福田区教育科学院附属中学　闫玲玲

【学情分析】

本班共有学生44名，在平时的生活学习中，学生们对未来的生活没有明晰的认识，不太容易理解今天所做的一切对未来的重要意义。学生的生活观和世界观还在形成之中，需要理想教育来指引他们的方向。

【设计理念】

理想像满天繁星，驱散夜空的黑暗；理想像阵阵劲风，鼓起生命的风帆；理想像灰姑娘的水晶鞋，展现生命的光华；理想像展翅高翔的海燕，呼唤着让生命风暴更加猛烈。对于今天的我们来说，理想更像高悬天际的启明星，指引我们攻坚克难，占领人生的制高点。因此，借此主题班会，让学生明白理想的意义。

【班会目标】

通过本次班会，学生懂得梦想与理想的力量，在生活中、学习中以梦想为指引，规范个人行为，不断向梦想奋进。学生对自己的学习和生活有一定的阶段性目标，有理想意识，能够在日常为理想付出实际行动。

【班会过程】

1. 营造氛围，明确理想的重要意义

展示主题：理想——生活的启明灯。

（播放歌曲《水手》，营造气氛，主持人提出理想的含义。）

主持人（男）：尊敬的老师们！

主持人（女）：亲爱的同学们！

主持人（合）：大家好！

主持人（男）：这首激动人心的《水手》，拉开了我们“理想”主题班会的序幕。

主持人（女）：理想是个诱人的字眼。

主持人（男）：理想是灯塔，指引人生前进的方向，照亮人生前进的路程。

主持人（女）：一个没有理想的人，就像鸟儿没有翅膀，就像旅行没有目的地。

主持人（男）：没有理想，就没有坚定的方向；没有坚定的方向，就没有生活。

主持人（女）：罗伯特·勃朗宁曾在他的《索尔》中说过，人类的伟大不在于他们在做什么，而在于他们想做什么。

主持人（男）：福尔摩斯也说，世界上最重要的事，不在于我们在何处，而在于我们朝什么方向走。

主持人（女）：上面所讲的“想做什么”“朝什么方向走”指的就是我们头上的一颗指路明星——理想。那么，什么是理想？（学生们答：理想就是对未来的向往和憧憬。）

主持人（男）：现在请听诗歌朗诵《理想》，表演者，夏××、杨×、姜×。

2. 谈自己的理想，实现理想，塑造自信心

主持人（男）：真好听，每个人都有理想，下面请同学们说说自己的理想。（学生们畅所欲言，有的说长大后要成为科学家，有的说要成为美容师，有的说要成为教师……）

主持人（女）：真叫人热血沸腾，我们每个同学都有远大的理想。

主持人（男）：对，只要我们从小便树立理想，并为之不断地努力，我们的理想就一定能实现！下面我们来看看《三国名人的理想》。表演者，马××、黄××、任×。

主持人（女）：有了理想就有了希望，现在请听陈××等同学的《希望》。

3. 努力实现理想，坚定信心，增强毅力

主持人（女）：同学们，韩剧《大长今》中，长今为了实现自己心中的理想不怕辛劳，历尽千辛万苦，克服种种困难。那么同学们，你认为该为实现理想做什么？

主持人（男）：我想同学们心中早就有答案了。请同学们说说好吗？

学生甲：我要珍惜每一分、每一秒的时间，不让自己有后悔的一刻。

学生乙：我要树立远大的理想，并为之不断地努力。

学生丙：要有吃苦耐劳的精神，不为困难所吓倒……

主持人（女）：是啊，我们必须从今做起，为自己理想的实现而努力。

主持人（男）：不仅仅这样，我们还要把自己的理想和前途与祖国的命运和前途联系起来。我们应该从现在起，确定目标，努力学习，为中华民族的伟大复兴而贡献自己的青春与才华。

主持人（女）：据我所知，我班高××和戴××同学就是这样的人才呢！

主持人（男）：不错，请欣赏他们的小品《面试》。

主持人（女）：真是有趣极了，你们知道小品说明了一个怎样的道理吗？

（学生们答：略。）

主持人（男）：主题班会进行到这里，让我们来玩个游戏轻松一下。

主持人（女）：对，我们在上课前听到《水手》这首歌，看谁能把其中重复多遍的歌词记下来。

学生：他说风雨中，这点痛算什么，擦干泪不要问为什么。

主持人（男）：对，下面请同学们说一说“风雨”和“痛”指什么？

学生甲：我认为“风雨”是指崎岖的人生道路，“痛”是指挫折和失败。

学生乙：我觉得“痛”还可以指逆境、困难。

主持人（女）：是的，歌词告诉我们，在学习和生活中我们会碰到挫折、失败或困难，我们必须勇往直前，不畏艰难险阻，只有这样才能实现自己的理想。

主持人（女）：收获的季节是欢乐的，但必须以付出汗水为前提，我想每个人都会有一个激励自己前进的座右铭。

主持人（男）：是啊，18岁的刘欧已是北京大学化学与分子工程系的一名学生，15岁时他已成为首批进入国家重点实验室的中学生。他一直以“机遇对于每个人都是均等的，而成功者往往善于抓住机遇”自勉，这是他获得成功的重要因素之一。那么，在座的同学们，你们的座右铭是什么呢？

主持人（女）：请同学们踊跃回答。（学生们答，略。）

主持人（男）：同学们的发言是认真的，都是对理想的一种执着追求，我相信，同学们有了时时激励自己的座右铭，一定可以实现自己的理想。

主持人（女）：我们在不同年龄有不同的理想，每个人都有一个最初的梦想。现在请黄×等同学演唱《最初的梦想》。

主持人（男）：同学们，理想有远近之分，还可以分为职业理想、道德理想、人生理想。我现在的理想是期末考个好成绩，我想每个人心中都有一份期末理想了吧。

主持人（女）：我很开心！同学们对理想的实现都充满了信心。下面让我们来齐唱《明天会更好》。

主持人（男）：歌声是美好的、悦耳动听的。时间是有限的。

主持人（女）：天下没有不散之筵席。

主持人（男）：班会无限好，只是近铃声。

主持人（女）：我想，大家通过这次班会定会树立远大理想，创世纪辉煌，为自己的人生书写一首不朽的诗篇。

主持人（男）：现在有请我们的班主任做总结，掌声欢迎。

4. 班主任总结

首先很感谢为这次主题班会的准备付出了辛勤劳动的同学们！本次班会同学们都表现得很积极、主动，能大胆地畅谈自己的理想，树立自己的信心。看你们自信的表情，听你们充满豪情的言语，我相信，你们的理想一定能实现。

是的，理想是还没有实现的东西，是对未来的美好憧憬和希望，这要求我们好好把握今天。理想的实现前提是把握人生，只有努力学习，打下坚实的知识基础，才能拥有美好的明天。

把握人生，不是一天两天，也不是一年两年，它需要一个人用一生的时间，需要几十年如一日的耐心、恒心与毅力。更多的时候，把握人生的关键是培养自己的习惯，坚持自己的原则。而“顽强的毅力可以征服世界上任何一座高峰”，恒心与毅力，在征服的过程中必不可少。

命运由自己主宰，人生由自己把握。

臧克家说过，“青年是宝藏，青年是黄金；宝藏要挖掘，黄金要熔炼”。而人生最好的淘金者和冶金人便是你自己，把握人生，让自己的年轻发挥到极致！

【班会效果】

良好。

【班会反思】

在主题班会的准备过程中，首先处理好了分工问题。其次，在这节班会课中学生合作完成任务，所有学生都积极参与活动，相互交流、相互学习，有了心灵的触发，从而为主题班会的顺利进行打下了良好的基础。

小习惯成就大未来

深圳市福田区教育科学院附属中学　于丽媛

【学情分析】

本班共有43名学生，入学一个月以来都比较活泼好动，课堂纪律性不强，对自己的学习、作业没有规划，见到老师不会主动问好。

【设计理念】

把学生培养成为“学习自觉、行为自律、生活自理、个性自主”，具有“国际视野、人文情怀、领袖气质”的现代化人才。

【班会目标】

帮助学生了解“习惯”的重要性。让“按时完成学习任务，课堂守纪律不讲话，对老师有礼貌”等习惯扎根学生心中。

【班会形式】

讲演、讨论。

【教学过程】

1. 介绍习惯的重要性

习惯的力量——细节决定成败：

据科学家证实，一个行为连续重复21次即可成为习惯，直至终生。

习惯是一个人的资本，你有了好习惯，你一辈子都有用不完的利息；你有了坏习惯，你一辈子都有偿还不清的债务。

2. 发时间表格给学生填写

3. 引以为戒——说说我们的坏习惯

小组讨论三分钟。每个组选出一个坏习惯，进行发言，大家集思广益谈一谈如何克服坏习惯。例如：

（1）你是否会预习要学的功课？

（2）你上课的时候，注意力是否集中？

（3）你是否会复习学过的功课？

（4）你是否喜欢回答老师的问题？课后是否主动问过老师问题？

（5）你上自习课的时候是否自觉？

（6）你不懂的功课，是否向别人请教？

（7）你能否按时完成作业？每次做作业是否认真思考？

（8）你是否主动参加讨论？

4. 说一说我们看到的好习惯

案例一：苏联教育家苏霍姆林斯基有一个习惯，那就是在清晨尽早开始一天的工作。他每天五点半起床，做早操，喝杯牛奶吃块面包，然后就开始工作。当他习惯了六点钟开始工作以后，又努力再提早十五到二十分钟，几十年如一日，从不间断。他三十几本教育方面的书和三百多篇学术论文都是在早上五点到八点写成的。好习惯成就了一位举世闻名的心理学家和教育学家。

案例二：马克·吐温坚持每天清晨默读墙上的好词、佳句，这为他写出脍炙人口的作品打下了坚实的基础。

案例三：马克思在撰写《资本论》时仍坚持每天演算数学题，以培养逻辑思维能力。

案例四：达尔文从不放过任何一个观察大自然的机会，这为他的科研工作积累了大量第一手资料……

5. 联系自身，看一看我们自己身上的好习惯

我们已经看到了同学和名人身上的好习惯，那么请再次填写好习惯表格，记录下我们自己的好习惯。

6. 告别坏习惯

人生仿佛就是一场好习惯与坏习惯的拉锯战，要想创造有价值的人生，我们就要让自己的好思考习惯、好行动习惯、好情绪习惯的比例与日俱增，对不良习惯说再见。

7. 寄语

做最好的自己。

做最成功的自己。

【班会效果】

良好。

【班会反思】

对于这些还没有形成好的行为规范的学生而言，让他们坐下来探讨习惯一定会比较热闹，场面可能会难以控制，所以暂时不使用游戏的形式。等到他们树立起一定的规范意识再加入游戏，增强班会课的参与度和趣味性。

道路千万条，安全第一条

深圳市福田区教育科学院附属中学　张广良

【学情分析】

本班学生在平时的生活中，遵守交通规则的意识较为淡薄，不懂得交通规则的重要性。

【设计理念】

1. 通过对道路交通、骑车、乘车等知识的讲解，提高学生的交通安全意识。

2. 充分体现交通规则的重要性。

【班会目标】

讲解安全知识，使学生了解生命之可贵，珍惜生命，注意安全，掌握一些安全知识，形成自护、自救的意识，安全、健康成长。

【班会过程】

教师导入：同学们，道路千万条，安全第一条。生命只有一次，因此，我们必须要严格遵守交通规则。那么我们今天就来认识一下交通规则及其重要性。

1. 请学生发言：列举我们身边不遵守交通规则的例子

甲：有些同学在道路上行走时不走人行道；在没有人行道的道路上行走时，不是靠路的右边行走，而是靠路的左边或中间行走。

乙：我有个邻居，他骑车时只顾赶路，不注意道路和车辆信号的指示，即使前面是红灯也照样前行。

丙：之前我看到一些人，横过车行道时不走过街天桥或地下通道，而是任意横穿，甚至翻越栏杆。

2. 播放视频录像

（播放交通事故的录像。）

3. 不遵守交通规则的严重性

让学生们思考看视频之后的感受，小组讨论“不遵守交通规则的后果和严重性”。请代表发言，全班交流。

甲：真的太惨了。她还那么年轻，竟然因为玩手机被车撞倒，被夺走了生命！

乙：好可怕，我以前一直觉得只要没车，红灯闯一闯也没事，现在想想倒是直冒冷汗。

丙：不遵守交通规则就很容易出事故，付出自己宝贵的生命。我们一定要严格遵守交通规则。不仅如此，我们还要将它的重要性告诉我们的家人、朋友！

教师：我们常常认为交通事故离我们很远，但是事实上，它潜伏在每个人身边，趁你不注意的时候，窜出来夺走你的青春年华。那么，我们今后应该如何遵守交通规则呢？

4. 小组讨论并请代表发言“交通规则有哪些”

甲：我知道，未满12周岁的学生不能骑车上路！

乙：要是爸爸妈妈喝了酒，就不能让他们开车了，酒驾的事故发生率可是很高的。

丙：上公交车后，要坐在座位上，不能随意走动、打闹或将身体探出车外，或向车外随意抛投物品，更不能随意触动车上的设施。

教师：我们还要注意信号灯和车辆转向灯的指示，切不可匆忙行事。绿灯亮时，准许车辆、行人通行，但转弯的车辆不准妨碍直行的车辆和被放行的行人通行。黄灯亮时，不准车辆、行人通行，但已越过停止线的车辆和已进入人行横道的行人，可以继续通行。右转弯的车辆和“T”形路口右边无横道的直行车辆在不妨碍被放行的车辆和行人通行的情况下，可以通行。

5. 遇上或目睹交通事故，该如何处理？

（教师请学生发言。）

甲：首先要保持头脑冷静，不能惊慌失措，要紧急请求救援，如拨打“120”救护电话或拨打“110”报警电话。

乙：如果遇上肇事逃逸者，我们应该记下车型和车牌号，便于报案。

教师：说得很好。除此之外，我们还可以拨打“122”报警电话，拨打“114”查询电话，拨打当地交通管理部门的电话，请求紧急救援。还可向外界传递信号，向就近的单位或人员请求紧急救援。请求紧急救援时，要将出现的交通危险或交通事故发生的时间、地点、受损情况、求助要求向救援方讲清楚。如果交通危险出现在飞机、轮船和火车上，由于这些载客工具都有较完备的交通安全设施和较严密的组织、指挥系统，因此一定要听从这些载客工具上的工作人员的统一指挥和安排，不要擅自行事。

【班会效果】

良好。

【班会反思】

在主题班会的准备过程中，应该首先将正确的交通行为展现给大家看，然后再让大家寻找生活中不遵守交通规则的实例。这样对比会很明显，可使大家对交通安全有正确认识。

其次，本节课没有最大限度地调动学生的主观能动性，应该在开始准备的时候让更多的学生参与，视频录制、拍照等活动，收集身边的素材。

迎难而上，不负青春

深圳市福田区教育科学院附属中学　张璐璐

【学情分析】

初三已开学几周，学生也已经感受到了升学的压力以及初三学习的紧张气氛。一部分学生因课业的繁重已出现明显的疲惫心态，不知道如何更好地适应繁忙的初三生活，所以特别需要老师的指导。

【设计理念】

鼓励学生勇于面对挑战，积极明确目标。与学生一起分析大家学习上遇到的困惑与困难，告诉学生对于步入初三后在学习中遇到的困难，不要怕，要敢于、善于和困难做斗争，共同努力，树立目标。

【班会目标】

让学生明确初三学习的重要性以及初三生活的困难。使学生能正确认识自己的问题，从而改进自身的问题，在学习上严格要求自己，更好地为中考做准备。

【班会过程】

1. 预备铃响播放歌曲《不负青春》。与学生们一起观看开学以来班级的一些关于升旗仪式、学习生活等方面的照片，让学生们根据照片，谈一谈开学以来的感受。

2. 请学习委员对开学以来班级各科测验及学习情况进行总结，请卫生委员对卫生情况进行总结，请体育委员对体能训练情况进行总结。

3. 请班长朗读一篇某班学生写的题为“心愿”的作文，让大家就此文章内提到的初三学习上的压力进行发言，谈一谈自己步入初三后学习上遇到的困难，将问题逐个列在黑板上。

4. 班主任引导学生一起思考，逐一攻破列出的问题，并进行总结，让学生知道其实初三并没有我们想象的那么可怕，只要用心学习，一定可以逐渐适应环境，逐渐将自己的成绩提升上去。初三的学习知识点密度大，知识难度深，课程进度快。我们班的学生之所以成绩不理想，并非智商的问题，而是目标不明确，缺乏动力以及勤奋不足。因此我认为指导我们班学生提升成绩应该重视以下三点：①明确自己的目标，并为之制订详细的计划；②养成好的学习习惯，定时、按时、准时完成各项计划；③掌握学习方法，培养自己脚踏实地的作风，吃苦耐劳、持之以恒的品质，牢记勤能补拙、笨鸟先飞的道理。最后，让学生深刻理解初三生活“开头难”，而解决开头难的金钥匙是“开头严”，无论是在做人、学习还是在融入集体方面都要严格要求自己。

5. 播放《开讲啦》“人生路，莫慌张”（陈坤）节选视频，让大家明白，从此刻开始先把自己的内心定下来，让自己清晰地看见所有的诱惑和前进的方向，掌握自己的人生，认真思考选择前进还是退后。

6. 再次鼓励学生，告诉大家初三不过是纸老虎。但要明确目标（落实到文字上），努力、惜时、认真地过每一天，才能不负青春、不负梦想。

7. 播放并合唱歌曲《我的未来不是梦》，结束班会。

【班会效果】

良好。

【班会反思】

班会的主题要在课后延续，可通过课后与学生面谈了解学生遇到的困惑，组成交流小组共同解决困难，找优秀毕业生进行经验分享等方式，为学生打气，并帮助学生明确自己的目标。

学会感恩，珍惜生活

深圳市福田区教育科学院附属中学　周雪

【学情分析】

本班共有学生41名，在平时的生活学习中，学生们还不懂得感恩。本次将根据本班学生的实际情况，通过聆听感恩心声、讲述感恩故事、探讨感恩方式与抒发感恩体会等活动让学生懂得感谢生活，学会感恩。

【设计理念】

现在社会节奏飞快，缺乏沟通和理解给学生的学习、生活、心理带来了较大的不良影响。在经济快速发展的今天，当代的中学生中有相当一部分学生越来越不懂得尊重他人、关心他人、珍惜生活。具体表现在把父母的关心视为唠叨，把老师的批评视为刁难，把朋友的帮助视为干涉，对人生感到迷茫，整天无所事事，虚度青春。我们希望通过这次班会，让学生们学会感恩，有一颗感恩的心，感恩父母、感恩老师、感恩社会，珍惜现在的生活。

【班会目标】

本次班会要使学生了解亲情、感悟亲情、理解亲情；珍惜自己拥有的幸福家庭，懂得感谢生活，学会感恩；懂得珍惜生活，努力学习，展示自己的风采。同时也要拉近师生间的距离。

【班会过程】

1. 聆听感恩心声（学生代表朗诵）

经历了一个又一个日出、一次又一次花开，不知不觉中我已走过14个春夏秋冬。在这几千个日日夜夜里，我一直在幸福中成长。在我成长的道路上，有许许多多的人与我擦肩而过，不留一丝痕迹；也有人使我难以忘怀，感激终生。

感恩父母。是他们把我带到这个世界，抚养我长大。在我受到打击时，担心我、替我操心的是他们；在我取得成绩的时候，默默开心的是他们；在我劳累的时候，给我做可口菜肴的也是他们。在我成长的岁月里，是他们在用心哺育着我。我一天天长大，他们却一日日变老……父母脸上的皱纹，是我刻上的，这其中的辛酸与汗水，他们都在默默地承受着。对待父母，要多一点孝敬，多一点体贴，要用行动报答他们的养育之恩。

感恩老师。是老师教会了我知识，教会了我做人。在漫长的人生旅途中，是他们用心血浇灌着我幼小的心灵。忘不了，忘不了他们谆谆的教诲。是他们告诉我，爱拼才会赢，于是便有了我在理想道路上的拼搏进取。是他们告诉我，己所不欲，勿施于人，于是我宽容谅解他人，交到了许多好朋友。是他们告诉我，用微笑面对一切，于是当遇到挫折的时候，我总是用良好的心态面对它，勇往直前，绝不认输。对待老师，多一点尊敬，多一点服从，用成绩报答他们的付出。

感谢同学。是他们在我受伤的时候安慰我，在我困难的时候帮助我。我们携手并进，蓬勃向上。我们手牵着手在梦想的田野里自由奔跑，在青春的舞台上自由飞舞。张扬个性、开拓创新，我们齐心协力，创造辉煌。对待同学，要多一点关心，多一点帮助。让我们在有限的年轻日子里，留下一段美好的回忆。

感谢对手。他们和我在竞争中共同进步。我们之间有竞争，更有友谊。他们时时告诉我，要认真、要努力，不要被别人落在后面。面对挑战，我勇敢地接受，不管最后结果如何，我都会坚持下去。对待对手，要多点友好，多点感谢。让我们在争先恐后的比赛中共同进步。

感谢偶像。是他为我树立了榜样，我要向着他的方向努力前进。是他用他的故事告诉我：人生没有不可能的事，我能走的路，你也能走。于是我发掘自己的潜力，扬长避短，向着自己的理想迈进。面对偶像，我不盲从，不疯狂，学习他身上好的地方，取长补短，完善自我。

人生路上，值得感激的人何止几个，我们只要怀着一颗感恩的心对待身边的人和事，就能感受到生活的美好和快乐。

（可以多请几位学生提前准备好感恩讲稿。）

（设计意图：通过聆听使学生领悟到，感恩是一种文明，感恩能够加强信任、促进理解，有利于良好人际关系的建立。有了感恩之心，人与人、人与自然、人与社会才会变得更加亲切，更加和谐。感恩是一种幸福。人拥有一颗感恩的心，才会对生活、对人生充满希望，才会理智地面对人生旅途中的一切挫折和不幸；才会更加珍惜生活，明确人生的目标，把握人生的命运。从某种意义上讲，感恩——帮助了他人，善待了生命，快乐了自己。）

2. 讲述感恩故事

（1）学生讲述父母的故事（“讲述父母的恩德，表表你的孝心”）。

（背景音乐：《天下父母心》）

（2）学生讲述老师的故事（“讲述老师的关爱，说说你的感激”）。

（背景音乐：《好大一棵树》）

（3）学生讲述朋友及他人的故事（“描述身边的好事，谈谈你的感受”）。

（背景音乐：《朋友》）

3. 探讨感恩方式

（1）体谅、关心父母，从小事情做起。

（2）尊重、理解老师，每天好好学习。

（3）对于关心帮助自己的人心存感恩。

（4）学会关爱身边的人，学会帮助他人。

（5）多做有益的事、好事，立志报效国家、社会。

（设计意图：通过本环节活动使学生认识到，感恩不一定要惊天动地。感恩是一种生活态度，是一个内心独白，是一片肺腑之言，是一份铭心之谢，是一种善于发现生活中的感动，并能享受这一感动的思想境界。）

4. 结束语

心存感恩，学会感激，我们要感谢母亲孕育我们的生命，感谢父母将我们养大，感谢老师教授我们知识，感谢同学给予我们友情。

拥有一颗感恩的心，我们才会懂得孝敬父母。拥有一颗感恩的心，我们才会懂得尊敬师长。拥有一颗感恩的心，我们才能学会包容，赢得友谊。

拥有一颗感恩的心，我们就会懂得关注生活，关心他人。拥有一颗感恩的心，我们就应该珍惜生活，勤奋学习，珍爱自己。成为一个懂得感恩的人，我们的未来会更美好。

我自信，我能行

深圳市福田区实验教育集团侨香学校　廖　乐

【学情分析】

本班共有学生45名，小学知识基础总体一般。在平时的生活学习中，学生缺乏自信，上课举手发言也很胆怯。学生都很怕自己答错，所以选择沉默。平时活动敢于报名的学生也很少。学生总觉得自己做不到，有畏难情绪。

【设计理念】

本班会从学生实际出发，及时抓住教育契机，设计了3个环节，帮助学生们重新找回自信，培养其自尊、自信、自强、乐群的心理品质。

【班会目标】

1. 使学生认识自我，了解自我，建立自信心，以健康的心态面对人生，正确看待生活中的成功与失败。

2. 帮助学生形成向上、乐观、充满自信等健康心理，以健康积极的最佳心理状态去学习和生活。

3. 使学生掌握树立自信心的方法，不断调整自己，明确：一个人只有在成长过程中学会为自己确立积极向上的目标，不断追求自我完善，才能成为最好的自己。

【课前准备】

1. 老师准备《我相信》《蜗牛》等歌曲，励志短片《永不言弃》。

2. 让班级学生提前准备七（1）班穿越马峦山活动中的素材。

3. 制作个性化小卡片备用。

【班会过程】

1. 故事导入，认识自信

以小时候看过的童话故事《丑小鸭》导入。

师：大家小时候一定都看过童话故事《丑小鸭》吧。丑小鸭的故事大家都耳熟能详，但我想和大家来分享下我的解读（播放PPT）：一只天鹅宝宝，小时候样子长得像鸭，但其实又不是鸭，鸭妈不疼鸭爹不爱的。它因为长相与众不同而被认为丑，没人愿意跟它玩，它也因此非常自卑。所以故事中它一直在选择逃离，但所幸最后它的本能被激发出来了，它认为自己应该是只天鹅。它以丑小鸭的形象去了天鹅群中，而天鹅群的天鹅却都认为它非常美丽。它从此过上了幸福快乐的生活。

问学生：丑小鸭为什么会自卑？

（学生可以自由回答。）

老师要注意引导，丑小鸭是因为长相不同而被认为长得丑，然后自己也接受这个观点，给自己贴上了“我丑”的标签，所以才会自卑。

小结：其实，人类也一样，人们也常常会根据生活经历和周围人的看法，不自觉地给自己贴上这样、那样的标签。

师：我很好奇，目前大家认为自己是什么样的呢？请为自己写下一个标签，描述一下你是一个什么样的人。比如，我是一个粗心的孩子，我是一个胆小的孩子，我是一个聪明的孩子……

（学生写，教师巡视，了解基本情况。）

师：看了大家写的标签，我先不做评价。让我们先回到刚开始我讲的《丑小鸭》的故事当中。请问后来丑小鸭是怎么改变命运的？

（学生可以自由举手回答。）

教师注意引导，丑小鸭后来认为自己应该是只天鹅，并给自己重新贴上了“我是一只天鹅”的标签，主动去了天鹅群中，因此才有不同际遇。

小结：其实如果你试着接纳自我、改变观念，重新对自己做自我暗示，给自己贴上正面的、积极的标签，很可能会有意想不到的结果！

2. 发现个人优势，增强自信

我们每个人都有自己特别的优势和长处，只要我们善于发现自己的优势，给自己贴上积极标签，“撕掉”那些曾经给自己贴的消极标签，多对自己说“我能行，我也很棒”，就一定会找到全新的自我。

如何把消极标签变为积极标签呢？这需要我们换个角度看问题和看待自己。老师给大家支个招。

下面请大家重新审视自己，玩一个现实版“丑小鸭变天鹅”的游戏，有两点要求：

（1）刚刚写了负面、消极标签的孩子，请想想自己有哪些长处和优点，或者是用刚刚教的方法转变思想，重新给自己贴个积极的标签。而刚才写了正面、积极标签的学生，请你仔细考虑，是否仍然坚持这个答案，如果是的话那请你坚定想法。

（2）小组内交流“个人积极标签”，边听边为对方找1~2个新的优势标签。（要求：实事求是）

用点名器抽签的方式选出发言人，让发言人自信地读出所写内容。

说明：抽到的同学都能收到一份精美的小礼物，但要求挺直腰板、面带微笑、声音清晰洪亮地面向全班同学发言。

3. 回应问题，深化自信内涵

师：能够在众多人面前夸自己的优势，是自信；能够在众人面前展示自己的特长和才华，是自信。当然，自信不是无源之水、无本之木，自信不仅是对自己的认可与接纳，自信还是在失败、逆境中永不言弃的坚持！请欣赏影片《永不言弃》片段。

（让学生简要谈谈视频给自己留下的最深刻印象。）

师：视频中的教练在鼓励布洛克挑战极限时，喊了13次“加油”，48次“继续”，23次“别放弃”……这个特殊的“死亡游戏”让队员们重拾信心，在球场上奋力拼搏，终于赢得了比赛的胜利。更重要的是，他们相信自己的能力，在心底战胜了自己。可见，相信自己，一个充满自信的人还可以成为一个光源，照亮一个群体或团队；一个充满自信的团队则如一支火把，能点燃所有人心中希望的火苗。

将自信深化认识，让邓×同学谈七（1）班穿越马峦山活动时自己“永不放弃”的经历。（邓×是一个体重160多斤、非常胖、有些胆小的男孩，整个穿越过程中他明显体力不支、内心很害怕，但依然克服心中畏惧，不言败、不放弃，一直冲在队伍的前面当“领头羊”。）

同时播放上次参加班级亲子活动——穿越马峦山时拍的马峦山险峻地形的照片，以及在徒步爬山和溯溪而上时，大家克服困难和心中畏惧勇往直前的照片。

请同学们举手发言谈谈此时的内心感受。（鼓励学生各抒己见，与大家分享看法。）

师：课至此，相信同学们对“自信”有了新的理解，请大家自创一句关于“自信”的鼓励语，可以是写给自己的，也可以是送给同学的。

把个性化小卡片发给大家，并配乐《我相信》和《蜗牛》，学生书写，然后粘贴在班级公告栏里。

4. 课后延伸，内化践行

为培养孩子们自信，让大家能看见和发现属于自己的“闪光点”，设计平台让孩子们展示自己。这个平台名字叫“七（1）班××电台”。

师：希望同学们能够踊跃报名，让大家都能认识到不一样的你。请有意向的同学先去班长处报名。本节班会课到此结束，下课！

【班会效果】

良好。

【班会反思】

1. 小组内交流个人标签，应该给学生分好工，如规定好序号、按序号发言、组长组织，确保每个人都参与，能避免混乱。

2. 用点名器选择学生回答的时候，因为抽到的学生有小礼品赠送，应该事先安排好相关的“礼仪人员”，避免意外事件的发生。

3. 这节主题班会的理念的是让学生在学习活动中体验自信的快乐，感悟自信的重要性，从而帮助学生培养和树立自信心。可以给学生更多表达与参与的机会。

浅谈“作业”

深圳市福田区实验教育集团侨香学校　廖乐

【学情分析】

本班共有学生45名，经过初中一个学期的学习很多学生已经适应初中生活，但是仍然还有很多学生的作业习惯较差，甚至部分学生不明白为什么要完成作业，尤其是周一作业上交情况比较差。针对这种情况开展了此次“微班会”（时间较短，主题鲜明单一的班会）。

【设计理念】

1. 以小组为单位，体现学生自主能动性及小组合作的理念。

2. 充分体现主题班会课的自我教育功能，创设各种问题启发学生。

3. 从学生实际出发，及时抓住教育契机，帮助学生重新认识作业，发自内心地主动学习，完成好老师每天布置的作业。

【班会目标】

1. 通过班会教育，学生能够认识作业的重要性以及为什么要做作业。

2. 通过班会活动，学生能够认识到自己在完成作业过程中遇到的困难。

3. 通过班会活动，学生能够主动规划管理好完成作业的时间。

【课前准备】

白纸、各科作业建议单。

【班会过程】

开门见山式，以班级目前实际情况导入。

师：最近咱们班级的作业上交情况不太好，甚至有变“严重”的趋势。有些同学觉得作业多，完成不了；有些同学有学习态度问题，觉得老师布置的作业不重要，自己复习就足够了；还有些同学找不到学习的动力，觉得再怎么做作业也提高不了成绩；等等。现针对“作业”这个主题来讨论讨论，给大家一个尽情发言表达的机会，充分抒发内心感受和情感。

1. 认识作业的重要性

师：首先，我们为什么要写作业？

（学生可以自由回答。）

有学生回答“不完成作业心里就发慌，因为不知道有没有掌握今天所学知识”；有学生回答“完成作业就是学生的本职任务，不做作业来学校干吗？浪费时间和生命”；还有学生回答“不做作业很有罪恶感，觉得父母和老师很辛苦在为我们考虑，自己再不努力愧对父母老师，而且一旦偷懒很可能养成不好的习惯，再改就难了”……

小结：同学们回答得都很好，很让我吃惊和感动，你们都很懂事，为你们点个赞！有同学说得很好，完成作业是为了巩固当天所学，完成作业是好好学习的一个表现，更是好好学习的一个方法。认真完成作业的本质其实就是好好学习。

通过学生回答，老师引导学生认识作业对自己学习的重要性，使学生从内心主动接受“作业”。

过渡：那为什么有的同学就不能好好学习呢？我认为有几种可能：一是不知道学习是为了什么，是为了谁学习，对人生还没有追求；二是学习习惯不好，对自己太过宽容，吃不了苦，做一会儿作业就想休息，其实就是太懒，学习目标和动力不足；三是时间管理有问题，以至于让自己筋疲力尽，作业完成效率不高。总结一下，一是学习动力不足和缺失；二是完成作业时遇到了自己很难解决的困难，如时间管理不到位，等等。

关于学习动力，请同学们来谈谈为什么要好好学习。

学生自主举手发言，各抒己见，分享看法。（起到以点带面的作用，让学生听听同龄人的看法会比老师说更有效果，同时对班风、学风的形成也会有一定帮助。）

下面是学生们的一些回答。

学生A：好好学习是为了自己以后能做一个有出息的人。

学生B：好好学习是为以后过上精致的生活。

学生C：没想太多，就觉得不学习能去干什么，觉得这是一种责任。

学生回答完毕后，老师小结："同学们都说得很好，尤其是有同学提到了这是责任。很多时候我们总说兴趣是最好的老师，觉得这门功课不好玩、没兴趣就不想学，其实这是很要命的想法，兴趣是可遇而不可求的，好好学习不是你不喜欢就可以不做的，更要把它看作对自己负责的一种表现。因为你的人生你做主，要想将来成为有价值的人，现在就要积累学问。有些事是你必须要做的，那是你不容推卸的责任。从现在开始，打好基础，努力奠基将来生命能到达的高度吧！"

再播放一段奥巴马在某大学的演讲视频，让学生感受自己身上的使命，升华主题，让学生明白学习的重要性，明白好好完成作业是学生的义务。

2. 解决作业中遇到的困难

师问：我现在想问的是，你在家完成作业的过程中会遇到什么困难，平时可能会有什么原因导致你无法较好地完成作业，有什么方法可以解决？

要求：以小组为单位，组长组织，组内交流讨论，记录员按照记录单记录下来，最后由总结者总结汇报组内成员的核心问题和观点，注意其他小组重复过的问题可以不再提。

学生代表发言，汇总在完成家庭作业过程中会遇到的困难以及解决方法。

学生小组A表示他们组有人在完成作业的过程中会觉得很难，查资料、问同学、问父母又会消耗很多时间，导致很晚都没完成作业。然后因为晚睡又影响到第二天上课。他们觉得到点睡觉，保证白天的听课效率才是最重要的，不懂的问题可以圈起来第二天再问。

学生小组B表示他们组主要的问题是学习习惯不好，经常做一会儿作业就想去吃点东西、喝点水，以至于浪费很多时间。他们建议可以买一个计时器，给自己规定完成每项作业的时间，改掉拖拉的毛病。

学生小组C表示他们组有些人的问题是觉得作业太多，每天都在做作业，作业看不到头，从心里有些反感作业。虽然偶尔也觉得老师说得很对，但就是不能坚持。他们的建议是可以给自己找个学习“共赢对手”，互相监督、互相鼓励，甚至可以“立旗帜”，给自己更多的学习动力。

师：同学们都很求真务实、积极思考，非常好。古语云，预则立，不预则废。下面就让我们趁热打铁，把自己作业中遇到的困难和解决方法用思维导图的方法，做一份适合自己的详细的个性化方案吧。

（学生自主完成“思维导图”。师选出优秀的作品投影，加以鼓励。）

3. 了解自己的作业

过渡：同学们在完成作业的时候可能都会觉得这份作业并不是那么适合自己。那么现在大家表达自己意见的机会来了。大家可以针对自己的情况，对各科作业提一些建议，我会帮大家整理好反馈给各科老师。

当然，反馈上去需要一些时间，各科任老师最后可能会采纳建议，也可能因为多方面原因无法执行。但经过提建议这么一个过程，你对自己需要哪些作业肯定会有更多的了解。正所谓“求人不如求己”，在别人行动之前你可以自己先行动起来，每天给自己安排一些还需要练习或者复习的内容。

心动不如行动，让学生做“时间管理计划表”。要求：每日完成的作业不仅包括老师布置的作业，还包括适合自己的复习内容。

学生自主完成“时间管理计划表”。要求学生选一位“共赢对手”，互相监督、互相鼓励，按“时间管理计划表”完成每日作业。对于完成较好、各科小测有进步、表现优秀的学生给予肯定和一定奖励。

师：同学们，大家现在都是皎皎如玉树、灼灼如桃花的年纪，希望大家都能不负青春韶华，努力奋斗，为自己人生献上一份满意的答卷！本次班会课就上到这儿，下课！

【班会效果】

良好。

【班会反思】

本节“微班会”课上完的第二天，本班的作业上交情况就出现了一个小惊喜：所有人都交齐了作业！但这种情况只保持了一两天，之后又陆陆续续有人交不上作业。所以学生行为习惯的养成势必是一个需要长期坚持的过程，并且这个过程中家庭教育功能远超学校教育功能。因此，本节班会课的反思主要有以下两点：

（1）这节班会课可以考虑请几位家长代表一起参加，或者在后续的家长会上进行延伸和沟通。

（2）少数学生因为内在学习动力的缺失或不足，对老师在课堂上布置的做“思维导图”和“时间管理计划表”等任务在课堂上无法很好地完成，课上要关注到这些学生，课后还是需要给予更多的辅导和一定的监督。

爱国主题班会：70周年阅兵观后感

深圳市高级中学　王　飞

【设计理念】

中华人民共和国成立70周年大庆在天安门广场的阅兵仪式是大阅兵仪式中装备最多、规模最大的一次，整个阅兵式从内容到形式恢宏壮丽，展示了国力的强盛，振奋了民族精神。

本次主题班会通过回顾历次阅兵仪式的演变，向全体学生直观展示了中华人民共和国成立70周年来人民军队是如何与祖国一起成长的，也让学生们能更深刻地感受到中国人民70年来的强国梦。在主题班会中也讲述了普通人在阅兵中的小故事，希望学生能明白强国不仅需要强大的人民军队，也需要国民的共同努力，让学生明白为了祖国的繁荣富强，不但要从小树立崇高远大的理想、努力奋斗的信念，也要脚踏实地，从现在开始，从我做起，从小做起，这样才能最终实现自己的中国梦。

【班会目标】

激发学生的民族自豪感，培养学生的爱国情怀，让学生能更加珍惜当下幸福安定的成长环境，从而营造良好的学习和活动氛围；让学生懂得爱国与责任的关系，让他们理解到“我和我的祖国一刻也不能分割”，让他们为祖国的繁荣昌盛更加坚定地树立崇高远大的理想。通过交流互动，让学生明白实现强国之路需要脚踏实地，需要从我做起、从小做起，最终汇聚千千万万中国人的共同努力后中国梦必将实现。

【班会形式】

班委主持。

【课前准备】

1. 收集整理阅兵相关的历史及文化材料，分为不同的主题制作成PPT进行介绍。

2. 选出主持人、熟悉活动程序。

3. 选出各主题的负责人，制作并介绍相应的PPT。

4. 根据需要布置好会场并准备好所需的物料（国旗、合唱歌曲等）。

【班会过程】

主持人：守正创新，使命在肩。一场新时代盛事正在中国社会凝聚起一往无前的磅礴力量。兵者，国之大事，死生之地，存亡之道，不可不察也。阅兵是在扬我军威，震慑宵小；阅我中华国器，声势浩大，气吞五湖，海纳三江；审其异族，雄心壮志酬筹。接下来，让我们走进阅兵。第一环节有请第1小组代表A同学。

一、播放国庆阅兵精彩剪辑

A同学：（播放视频）阅兵仪式上，习总书记的讲话，对中华人民共和国70年波澜壮阔历史的深情回顾，一辆辆坦克和导弹、核导弹车……令中国人心生自豪。空中护旗方队拉开了分列式的序幕，分列式突出了祖国的强大和繁荣富强。中国共产党党旗、中华人民共和国国旗、中国人民解放军军旗飘扬在天安门广场上空。20架直升机组成巨大的“70”字样在天空中熠熠生辉。受阅部队由15个徒步方队、32个装备方队、12个空中梯队组成，他们庄严地通过天安门广场，接受祖国和人民的检阅。与历届阅兵相比，本次阅兵有很多惊艳变化：仪仗方队首次同时高擎党旗、国旗、军旗经过天安门接受检阅；领导指挥方队首次亮相；火箭军部队首次以战略军种的名义参加国庆阅兵；战略支援部队方队首次亮相；国庆阅兵史上首次出现女将军；院校科研学霸方队首次亮相，其中硕士研究生以上学历占71%，是平均学历最高的受阅方队；文职人员方队首次亮相，受阅队员大多从事管理和技术岗位，是15个徒步方队中唯一不带枪方队；维和部队方队首次亮相，受阅官兵足迹遍布利比里亚、马里、刚果（金）、黎巴嫩、苏丹和南苏丹；15式轻型坦克首次亮相；新型潜射、舰射反舰巡航导弹首次公开亮相；高空高速无人侦察机黑色涂装首次亮相；东风–17常规导弹方队首次亮相；东风–41核导弹方队压轴登场，它是我国战略核力量的中流砥柱，是战略制衡、战略摄控、战略决胜的重要力量；支援保障机梯队，特种机首次亮相，直–20直升机列装部队后首次亮相。宏伟的天安门，十里长街，铁流滚滚，浩荡而来；秋日长空，战机翱翔，傲视苍穹。

主持人：以上是我们A同学制作的国庆70周年阅兵精彩剪辑。无论是10月1日现场直播时收看还是此刻再次重温，我相信在座的每一位同学观后都会激情澎湃，都会不由自主、发自内心地呐喊“厉害了我的国，强大了我的家！”。这也正是本次班会课的主题。接下来第二个环节有请第2小组代表B同学。

二、阅兵背景知识介绍

B同学：（播放PPT）1949年10月1日，毛泽东毛主席宣布中华人民共和国成立标志着全国解放，彻底摆脱了半殖民地半封建社会，中华人民共和国成为真正意义上拥有自己的政府——中央人民政府的独立国家！中华人民共和国成立，百废待兴，而万众瞩目的开国大典就在这一天举行。接受检阅的方队，队伍并不是很整齐，动作也不是很利索，但这就是当时朴实的、能上阵杀敌的中国人民的军队。

1. 什么是阅兵？

阅兵，是对武装力量进行检阅的仪式。通常在国家庆祝重大节日、迎送国宾和军队出征、凯旋、校阅、授旗、授奖以及进行大型军事演习时举行，以示庆祝、致敬，展现部队建设成就，并可壮观瞻、振军威、鼓士气。

2. 阅兵的起源

中国史书中，关于“阅兵”的最早记载，要追溯到4000多年前的涂山会盟。《淮南子·原道训》中说，从前，夏部落的首领鲧建造了很高的城墙来保卫自己，大家都想离开他，其他部落对夏虎视眈眈。后来禹当了首领，拆毁城墙，填平护城河，把财产分给大家，毁掉了兵器，用道德来教导人民。于是大家都各尽其职，别的部落也愿意来归附。禹在涂山邀请诸侯会盟。

据说，在大会上，禹手下的人手持用羽毛装饰的兵器，和着乐曲载歌载舞，表示对南方部落首领的隆重欢迎。而前来会盟的氏族部落首领都带着玉器和丝绸一类的贵重物品，表示对禹的臣服。

涂山会盟中，尽管禹没有发动一兵一卒，但他的武力展示足以威慑诸侯，从而“化干戈为玉帛”。禹的行为，实际上也就是“阅兵”的雏形。

3. 现代阅兵

简介：阅兵包括阅兵式和分列式。有时只进行一项。阅兵式是阅兵者从受阅部队队列前通过，进行检阅的仪式。分列式是受阅部队列队从检阅台前通过，接受阅兵者检阅的仪式。中华人民共和国成立后，多次举行盛大的阅兵，接受党、国家和军队领导人的检阅。

阅兵权限：阅兵，由党和国家领导人、中央军事委员会主席、副主席、委员及团以上部队军政主要首长或被上述人员授权的其他领导和首长实施。通常由1人检阅。

4. 阅兵式的意义

阅兵历来被认为是展国威、扬军威的最佳方式，更是树立民族自信心和自豪感的重要形式。同时，阅兵也是军队对祖国和人民的汇报。国庆阅兵可以展示军队现代化、正规化建设的巨大成就和崭新风貌，展示军队维护祖国安全与统一、促进世界和平与发展的强大信心，更是向全世界展现军事力量和民族凝聚力的窗口。

阅兵既是对军队训练水平、作战思想的检验，亦是展现军队武器装备发展的一个窗口。武器装备成为阅兵的重要亮点，也是威慑境内外敌对势力的有效手段。和平时期，军队的另一个主要作用就是威慑，而阅兵就是一种常用的威慑手段。它是国家使用不流血的军事方式来解决军事问题和政治问题的重要工具。

主持人：感谢B同学为我们讲述阅兵的背景知识。阅兵作为国家展示新型装备和军队风采的一场盛会，背后蕴含的知识是如此丰富多彩，不由得让人感慨中华民族历史的悠久和技术的发达。接下来第三环节有请第3小组代表C同学展示。

三、70周年阅兵与历次阅兵的不同

C同学：（播放PPT）中华人民共和国成立时，全国政协决定，把阅兵列为国庆大典的一项重要内容。1949年至1959年新中国成立10周年，共举行了11次国庆阅兵。此后，连续24年没有举行国庆阅兵。直到1984年，根据邓小平的提议，中央决定恢复阅兵，并于1984年国庆35周年时举行大型的国庆阅兵仪式。之后分别于1999年、2009年、2019年为庆祝中华人民共和国成立50周年、60周年、70周年华诞举行了阅兵。

特别是2015年9月3日中华人民共和国成立以来首次以纪念中国人民抗日战争暨世界反法西斯战争胜利为主题举行阅兵。此次阅兵，共编50个方（梯）队。其中，徒步方队11个，抗战老同志乘车方队2个、装备方队27个、空中梯队10个，正式受阅约1.2万人，动用40多种型号装备500多件、20多种型号飞机近200架。

主持人：C同学对历届阅兵相关知识做了介绍，70周年阅兵是中国最盛大的一次阅兵。接下来第四环节有请第4小组代表D同学展示。

四、阅兵中武器介绍

D同学：（播放PPT）1949年受检阅的武器有火炮119门，坦克、装甲车152辆，汽车222辆，军马2344匹，飞机17架。展现在广场上的装备是日制九七式“老头坦克”、150毫米“花炮”和德制七九步枪……炮兵还多靠骡马牵引，有的身管很短，有的还是木轮子包铁皮，知道名字的就这些。1949年大阅兵是战后新成立的中华人民共和国在极其艰难的情况下进行的，所用的兵器都是在战争中从美帝国主义和日本帝国主义的手中抢来的，是“运输大队长”蒋介石给我们送来的。我们自己的兵工厂呢？中华人民共和国成立前我国仅有的几个破旧工厂连迫击炮都造不好。当时的人戏称：“阅兵上出现的各种装备，只有骑兵的战马是我国自己产的。”有人做了统计，当时受阅的武器装备有110多种、80多种型号，来自24个国家的98家工厂。人们形象地把开国大典阅兵说成“万国牌武器展览会”。

此次参加检阅的兵种虽然装备落后，但全国上下对立国都有很高的热情。此次开国大典，海、陆、空三个兵种全部参加，共计1.64万人，观看阅兵的群众也达到30万人。值得一提的是，虽然装备落后，但我们的空军还是拿出了能镇得住场面的战斗机，全国仅有的17架战机全部参加了阅兵仪式，其中4架“野马式”战斗机上还满载空战用的子弹，这是世界空军阅兵历史上绝无仅有的。17架战斗机中前9架P-51式战机在前面先飞，飞完以后绕到队伍尾巴后面又飞了一次，当时的人都以为是26架战机，没想到开国大典上也可以皮一下。

时光荏苒，转眼来到了第70个年头——2019年。参加阅兵仪式的部队英姿飒爽、整齐划一；兵种有陆军、海军、空军、火箭军、战略支援部队［共59个方（编）队］、联合军乐队，总规模约1.5万人，这是继1984年恢复阅兵之后规模最大的一次阅兵。武器有各型飞机160余架、装备580台套，以及彩虹-7、东风-41、歼-20等国之重器。

今天重点介绍国之重器，东风家族的东风系列导弹，即中华人民共和国的一系列近程、中远程和洲际弹道导弹。这一系列导弹的编号为“DF-×××”形式，如东风-1号又写作DF-1。由于冷战期间，美苏签署《美苏消除两国中程和中短程导弹条约》销毁双方的中程弹道导弹，因此中国的东风系列成功面世后得到了许多国家的青睐。

东风导弹，又称“东风快递”，原因是其速度快、覆盖范围广。

其打击范围近程可及日本、印度、韩国等亚洲邻国，中程可及关岛（美国军事基地）、中亚等国，远程可及美国、英国等国。

东风家族威力最大的是东风-41，造价20亿/枚，可以30000千米/小时的速度飞1.5万千米（最远射程达1.8万千米）打击160个城市，12分钟到莫斯科，16分钟到伦敦，21分钟到纽约，是世界上威慑力最强的固体洲际弹道导弹。东风-41以中国为圆心，向东可以覆盖美国全境，甚至覆盖中美洲及加勒比地区，向西可以覆盖欧洲全境。东风-41导弹实现了全球覆盖，同时，可以至少携带一枚当量为550万吨的核弹头，相当于200多枚当年美军在广岛投下的原子弹爆炸力。中国强大了，但新时代的我们以德服人。

最后请同学们观看东风导弹之间相关数据对比的视频（播放3分钟视频）。

主持人：70年阅兵果然不同凡响，我们在感叹国家强盛之时亦要铭记70年来中国发展的光辉历程，铭记阅兵背后的人物和故事。接下来有请第5小组代表E同学为我们介绍阅兵背后的那些事。

五、小人物与大阅兵——阅兵背后的故事

E同学：（播放PPT）气球放飞团队中何将斌、何将华都是来自福建的新上海人。大学毕业后，他们放弃继承父亲的建材生意，坚持自己的创业梦想，利用自己在湖北文理学院美术学院的工美功底开始了这个新兴的第三产业，创立了上海斌华文化传播公司，组建了斌华气球艺术团队。

12天的筹备研讨，何将斌先后10多次往返于上海和北京，与一同受邀参加阅兵气球放飞环节的技术指导还有上级有关部门商议气球放飞的设计工作，讨论采用什么气球、气球大小、遇特殊情况如何处理等问题。

因为氦气球充好气后保持最佳状态的时间最长为8个小时，所以按照庆祝大会流程安排，何将斌、何将华和技术指导们与警察学院的战士们须在10月1日5时30分起开始给气球充气，充气时间仅一个半小时。

镜头背后的付出是一组动人的数字：7万只气球、400名志愿者、130万次充气训练、5秒钟充好一个气球、212天的筹备、气球100%可降解。

主持人：如果说整场阅兵式像构造精密的机器，那么这些人物就是一个个细小的齿轮，齿轮虽小，却保证了机器的正常、完美运转。我们不能忘记这些台前幕后兢兢业业、为国家付出的人们，不能忘记阅兵背后的那些艰辛。

接下来请同学们发表阅兵观后感，并讨论如何为国家献礼。请小组内部讨论3分钟。

六、发表阅兵观后感和讨论如何为国家变强尽一份力

F同学：坦克、大炮、飞机不可抵挡的气势充分展现了中国的强盛；官兵们整齐有力的步伐，迈出了中国气势。这些都使我为之自豪，为之骄傲。

G同学：不仅仅是阅兵，中国还有太多令我们自豪的地方。短短70年，我们可以独立研制原子弹、氢弹和卫星，可以实现载人航天、月背探测和太空对接。我们可以把铁路修上全世界海拔最高的高原；我们可以研制航母、导弹、战机和核潜艇；我们可以修建全世界最长的跨海大桥；我们可以启用500米口径的球面射电望远镜；我们可以成功开发5G网络；我们可以使一个外交失利、受尽屈辱的封建国家，成为奥运会和冬奥会的承办国；我们可以使一个战火纷飞、满目疮痍的落后国家，成为联合国安理会常任理事国；我们可以使一个闭关锁国、积贫积弱的腐朽国家，成为发明专利的申请数量连续8年居世界第一位

的科技强国；我们可以使一个饥寒交迫、衣弊履穿的贫困国家，成为世界第二大经济体，人均GDP刚好增长70倍，对世界经济增长的贡献率居世界首位。

主持人：接下来请同学们谈谈，如何为国家变强尽一份力。

H同学：从1949年到2019年的70年，中国如一头苏醒的雄狮，巍然屹立在世界的东方，迈着雄赳赳气昂昂的步伐，坚定地走向世界。而我们作为中华儿女，更应该为祖国的建设贡献自己的一份力量，从现在开始，珍惜生活，努力学习，为中国之富强而读书。

I同学：努力为班集体做贡献，如积极参加学校体育节活动。

七、全班一起演唱《我和我的祖国》

主持人：在美妙的歌声中，本次主题班会到此结束。最后有请班主任总结。

八、班主任总结

班主任：孩子们做得很认真，分享很精彩，整体完成也很出色，但在讨论阶段略有欠缺。首先关于努力，世界杯女排冠军教练郎平在接受采访时，笑着笑着就哭了，在我们看来，女排姑娘豪取11连胜，似乎赢得很轻松，但是背后却付出了巨大的艰辛。对比我们的学习，想取得优秀的成绩不是喊喊“努力学习”几个字就行的。我们要付诸行动，如认真完成老师布置的作业，学会整理资料以提高学习效率，等等。然后就是关于尽一份力。我讲一个前不久发生的小事情，阿里巴巴公司在杭州奥体中心办了一场20周年的年会，在朋友圈刷屏了，是什么事情呢？6万人的巨型会场在经历过这样的盛宴后，地面竟然没有一片垃圾，干净整洁如新，好像没人来过似的，令人咂舌！而据了解，“随手清洁一平方”是阿里内部多年前发起的公益倡议，号召员工主动清理自己身边1平方米范围内的垃圾。在别人眼中不可思议的事情，却是每个阿里人习以为常的习惯，这条不成文的规定已经渗透在每个人的观念里，企业文化已经深入骨血。能把小事做好的企业一定不会差。原本只能在日本才能发生的事情，在中国也开始发生了。

我想请问一下，国庆看过电影《我和我的祖国》的请举手。（全部都举手了）好，大家是否发现里面的7个故事都是小人物的故事？袁隆平在接受表彰后接受采访，说出明天（指9月30日）要到田里去，伟大其实出自平凡。

作为学生，关于班级的卫生大家是不是也能做好呢？遇见一位老师说“老师好”。如果见到两位及以上老师要说“老师们好”。这些事对于我们而言都是平凡的小事。但是每位同学都能很好地完成，那也是爱班、爱校的表现，往大了说也是一种爱国的表现。

【班会效果】

良好。

【教学反思】

1. 好的方面

（1）本次班会，作为班主任只是定好主题，做好框架，内容主要是由学生自主发挥，自己动脑解决，具有较强的开放性。

（2）分配任务后，实行小组长负责制，小组分工明确，每个组员都有事情做。

（3）主题班会多人自主参与，充分调动学生的积极性，也锻炼了学生的表达能力以及解决问题的能力

2. 需要改进的方面

（1）因磨合阶段只有短短几分钟，各个环节的衔接不是特别流畅。

（2）在内容把关方面我做得不是很到位，不同环节学生所讲内容有重复的情况。

（3）可以将前面环节缩短一点，给学生更多的时间让其在后面“尽一份力”环节提出更多的计策，这样教学效果可能会更佳。

我为学校做贡献

——雷锋月活动总结班会

深圳高级中学 林来金

【学情分析】

本班共有学生42名，学生刚刚上初中，劳动能力较弱，且不太懂珍惜别人的劳动成果，对雷锋精神领悟不深。

在教师的引导下，学生自主回顾总结过去一个月以来学雷锋的各项活动，深刻体会雷锋精神。知识与行动相结合，学雷锋与感恩活动相结合，使活动更加切合实际，更加有意义。

【班会目标】

总结一个月以来的班级学雷锋活动，让学生畅所欲言，谈谈学到了什么。同时也通过照片、视频呈现，感动满满。

【班会概述】

本次活动旨在进一步弘扬雷锋精神，倡导社会文明新风。为培养青少年关爱他人、服务社会的优良品质，加强我校精神文明建设，响应学校要求，初一（2）班全体师生结合革命传统教育、民族精神代代相传教育、“阳光行动，献爱心”实践活动，3月在校内开展了形式多样、意义非凡的学雷锋主题活动。

通过“爱心永存”义卖主题班会，策划“我为学校做贡献”系列活动的主要组成部分：学雷锋献爱心宣传板报，爱心义卖跳蚤市场，打扫初一教室走廊及学校校道，等等。

本次雷锋月初一（2）班的亮点为活动全程由学生组织，班主任老师只负责监督，由班干部带头组织学生讨论，最终确定各项事宜。

【班会过程】

1.“爱心永存”义卖主题班会

本次“我为学校做贡献”系列活动以全班参与的“向雷锋同志学习”主题班会开头，初一（2）班学生在班主任老师和班干部的组织下通过热烈讨论，确定了本次活动的主要内容为爱心义卖和打扫初一教师办公室外走廊和学校保安室（后来由于学校保安觉得保安室不用打扫，启用紧急预案，转为打扫校道），并在3月15日确定两个子活动的人员安排。

通过主题班会，学生认识到社会上有许许多多的人需要帮助，希望能为社会做一些力所能及的事，加强了帮助别人的意识，同时确定了我们班的品牌活动为打扫初一教师办公室外走廊和学校保安室（后来由于学校保安觉得保安室不用打扫，启用紧急预案，转为打扫校道），将爱心活动和感恩活动结合起来，使活动更加切合实际，更加有意义。

2.“学雷锋，献爱心”宣传板报

黑板报一向是初一（2）班的品牌宣传手段，本次黑板报由班主任和宣传委员共同确定主题、主要内容和主要负责人，板报的全部工作在3月8日前已经完成。

本次宣传板报色彩鲜艳、主题突出、图文并茂。板报宣传和雷锋精神宣传为班级营造助人为乐的气氛。

3.“爱心义卖”跳蚤市场

本次活动号召学生将闲置物品或自制小作品拿到爱心跳蚤市场上进行义卖，为爱心扶贫救困募集善款。本班主要义卖的物品为公仔、书籍，有才艺的学生还现场演唱，反响相当不错。其中最受欢迎的是公仔和现场演唱。

在本班全体师生的共同努力下，本次“爱心义卖”跳蚤市场取得巨大的成功，卖出物品数件，筹得善款205元，善款全部经由学校统一捐给有需要的人或单位。通过本次义卖活动，学生体验了当销售员、收银员、物品推销员和销售物品整理员的感觉，收获的远远不止是善款。

4. 我为学校做贡献

雷锋月的最后一个活动是“我为学校做贡献”，活动内容是打扫初一教师办公室外走廊，原本计划一组负责打扫保安室，但是由于保安说不需要打扫，学生们立刻启动紧急预案，转为打扫校道。由班干部组织分配，活动包括扫地、拖地、打扫走廊、擦窗、擦门、打扫校道等。

通过本次“我为学校做贡献”活动，初一（2）班全体师生不但实践了雷锋乐于助人、不求回报的精神，还将爱心活动和感恩活动结合起来，使活动更加有意义。

5. 活动总结

通过本次“学雷锋活动月”活动，本班全体学生进一步实践和弘扬了雷锋精神。

为时间做主，对自己负责

深圳高级中学 林佳玲

【学情分析】

本班共有学生44名，在平时的生活学习中，学生时间管理规划意识薄弱，浪费时间、效率低下的现象严重。学生刚踏入初中阶段，有必要引导他们提高时间规划意识和找到适合自己的时间管理方法。

【设计理念】

1. 以人为本的理念。让所有学生都参与到活动中，通过参与活动过程感知时间的易逝。

2. 合作共赢的理念。通过小组合作，群策群力，学生一起讨论得出管理时间的有效方法。

【班会目标】

通过本次班会，使班里的每一位学生感受到时间稍纵即逝，体会到时间的珍贵，共同探讨得出规划时间的好方法，从而在之后的学习生活中实践。

【班会形式】

主题班会。

【班会过程】

主要脉络：感知时间—珍惜时间—管理时间—出谋划策。

1. 引入

哲人伏尔泰问："世界上什么东西最长而又最短，最快而又最慢，最能分割而又最广大，最不受重视而又最令人惋惜，没有它什么事情都做不成，它使一切渺小的东西归于消灭，使一切伟大的东西生命不绝？"

（设计意图：利用法国哲人的谜语引出本节课的主题——时间，同时谜语的形式也调动了学生的积极性。）

2. 感知时间，立足当下

游戏：全体同学闭上眼睛，从老师的一声令下开始计时，你觉得时间到1分钟了，请轻轻站起来（保持站姿），睁开眼睛看屏幕的倒计时，记录下你起来的时间。

（设计意图：让学生闭眼感受1分钟，亲身体会时间的流逝，从而反映出学生的时间意识。）

思考：1分钟可以干什么？（小组讨论。）

（设计意图：通过感受1分钟这个小的时间单位，学生讨论发现时间可以好好利用，也很容易浪费。）

思考：假设上天给你100年的时光，那么你一生工作和学习的时间是多少呢？

3. 珍惜时间，筹划未来

将人的一生分为100个格子，每个格子代表一年，通过数方格体会学习的时间所剩无多。（假设寿命有100岁，根据调查中国人均寿命为76岁，画掉后面24个格子，现在12~13岁，画掉相应数目的格子，吃饭、睡觉、休息每天大概要花8个小时左右的时间……）

4. 管理时间，为己担责

测一测：你的时间管理好了吗？（伸出右手握拳，满足一项伸出一根手指。）

★你是否曾听见起床铃响了仍不起床？

★你是否曾上课打瞌睡？

★你是否曾自习时无所事事？

★你是否曾就寝时因聊天而久久不入睡？

★你是否经常一天下来觉得很忙又感觉没有学习到什么？

（设计意图：通过握拳伸手指的方式使时间形象化，让学生切身体会时间无声无息地从指缝中流失。）

结合学生一天的生活讨论时间都去哪儿了。（小组讨论。）

（设计意图：衔接前一个环节，让学生把时间细化到自己每天熟悉的校园学习生活。小组讨论的形式让每一个学生都去思考交流浪费时间的可能方式，从而在之后的学习生活中有意识地珍惜时间。）

榜样视频学习。

优秀学姐的时间计划表分析。（每天进行多方面反馈总结。）

思考：你觉得这个时间计划表有什么特点？

（设计意图：通过学习榜样的时间计划表，讨论该计划表的特点，取长补短，从而为学生之后自己制订计划表提供更好的思路。）

5. 出谋划策，落实行动

小组讨论如何结合自身实际管理好每天的时间。

（1）制订时间计划表。今日事今日毕，绝不拖延。

（2）管理好课堂时间。据心理学家统计，中学生注意力可稳定40分钟。

（3）聚零为整，提高学习效率。利用排队、等待等碎片时间做些简易的作业，如背诵、记单词、默写公式等。

（4）对事情进行分类。教师根据课堂情况补充介绍番茄工作法用于提高写作业效率，时间四象限法用于事情的安排。

【班会效果】

良好。

【班会反思】

本次主题班会在实施过程中，主要还是以教师的引导为主，还需要给学生更多的自主交流的时间和环节。本次班会课的游戏及小组讨论交流较多，需要教师对课堂有较好的把握，控制好每一个环节的时间。

目标引领成功

深圳高级中学　陈姚伊

【学情分析】

初一的学生处于小初衔接的重要阶段，在这一过渡时期，就学科知识而言，学习科目增多，知识难度提高，能力要求加大。从学生的角度出发，他们来到新的环境，学习和生活都在适应之中。另外，对于绝大多数初中阶段的孩子来说，迷茫是伴随其青春期成长的重要特征之一。

以上均是初中学段的学生，尤其是初一学生要面临的重大挑战。台湾著名作家罗兰曾说过，“一个有目标的人和别人不同的地方，就在于他虽然在纷纭杂乱之中，仍不致迷失。他可以操纵自己，而不被别人操纵”。

【设计理念】

主体性、开放性、寓教于乐。

【班会目标】

在教师的组织下，不断引导学生给自己的初中阶段设立目标，帮助他们顺利过渡，准确定位，明确学习方向，激起潜在的学习动力。

【班会形式】

主题班会。

【班会过程】

1. 导入：现场游戏——在黑暗中探索

游戏规则：选出两名学生，一名蒙上眼睛，一名不蒙眼睛，完成指定动作，如请找到第3列第5位同学并和他握手。

2. 目标的力量

有一个非常著名的关于目标对人生影响的跟踪调查，对象是一群智力、学历、环境等条件相似的年轻人。调查结果发现，有清晰、明确、长远的目标对一个人的发展十分重要。没有目标的那部分人在若干年后生活不如意、碌碌无为；而有长远、清晰目标的那批人则几乎都成为社会各界的精英或领袖。

小组讨论与分享：请结合实际情况，说说目标的作用。

过渡：人人都想成功。为什么有的人订立目标后一个个都能达成？而有的人订立目标后，却常常达不成？

3. 目标的制定

展示××的若干目标，如学好英语、每年出去旅游、住上大房子、拥有一辆汽车、成为有钱人等。

提问：这些目标是否可行？它们有哪些共同特征？

过渡：如何制定目标？

介绍目标制定的五大原则（SMART原则）：Specific——具体的、Measurable——可以量化的、Achievable——能够实现的、Relevant——相关联的、Time-limited——有时间期限的。

对比笼统、模糊的目标与SMART原则，制定具体的目标。

举例“我今天要完成一篇作文”VS“我今天早上10点之前要完成一篇500字以上的作文，至少要用到三个比喻句”。

教师引导学生讨论两种目标表达方式的差异以及可能产生的影响。

4. 承转

故事分享：名不见经传的日本马拉松选手取得世界冠军的秘诀。

学生总结：大目标分解成许多小目标。

5. 联系实际

最近，一篇名为《用奋斗，为十八岁的自己加冠》的文章，刷爆了朋友圈。提供近年深圳中考、高考分数线与录取情况，让学生明确心仪学校的要求。

6. 我笔写我心

我的目标卡：

（1）三年后我的目标。

____

（2）实现这个目标我最大的优势是什么？

____

（3）目前我最大的阻力是什么？

____

（4）为了实现它，我应该怎么做？

____

（5）一个学期后，我应该达到什么目标？

____

（6）一年后，我应该达到什么目标？

____

（7）两年后，我应该达到什么目标？

____

7. 目标的实现

集体诗朗诵：《百句空言，不如一个行动》。

故事分享：坚持到最后的那个人。

教师总结与升华：心向着自己目标前进的人，整个世界都会给他让路！

【班会效果】

良好。

【班会反思】

本节班会课取得一定成效，同时也存在一些问题，现总结如下：

（1）课堂形式多元化有待进一步提高，可增加小品、辩论等以增加课堂多样性。

（2）学生展示时间有限，可多设计学生参与环节，增加课堂活跃度。

为自己的未来做有尊严的选择

深圳市福田区教育科学研究院附属中学　陈彩虹

【学情分析】

本班共有学生43名，他们性格活泼开朗，聪明好动，但集体意识不强，缺乏凝聚力。另外，行为习惯和学习习惯没有养成，自制力比较差，大部分学生目标不明确，缺乏自信，对自己的未来是迷茫的。

【设计理念】

本次活动以学生为中心，充分发挥学生的主体作用，对学生的认识不求唯一性。要求学生各抒己见，各显其才，通过往届师兄、师姐对不同高中的介绍和经验分享，认识深圳中考的严峻形势，从而引起思想上的共鸣，变“要我学”为“我要学”，自加压力，坚持不懈，不断激发自己强烈的学习动机，对自己负责，为自己的未来做有尊严的选择。

【班会目标】

1. 认识初三的重要性，明确深圳中考的挑战和严峻形势。

2. 通过师兄、师姐对各自所读高中的介绍，直观真实地了解高中校园的具体情况和各个高中的优势、劣势，定位自己的目标高中。

3. 通过师兄、师姐的奋斗经历，学会正确地评价自己，分析目前学习中存在的问题，寻找解决问题的办法。

4. 思考自己的奋斗目标，并做好详细的计划。

【班会过程】

人生需要不断地设定和调整自己的目标，明确自己的方向。每个人都是独一无二的。我们会和别人有相同的职业、相同的角色，但是我们扮演每种角色的方式和态度有自己的独特性。

同学们，在和你朝夕相处的同学中，有人不断重塑自我，随着时间的推移，成为精美的“雕像”，有人却依然是一块寂寥的“石头”。石头、雕像，它们各代表什么？回想你初中过去的两年，你正走在通往石头的路上，还是雕像的路上？你想怎样度过自己的一生呢？你的理想和目标是什么？请同学们闭上眼睛好好地思考一下，然后翻开你们开学所写的目标、高中以及初三的计划，仔细地用心阅读，对照看看三周以来你的计划完成了多少。给大家三分钟的时间。

（生对照自己的计划本，思考自己三周以来的表现。）

师：今年咱们面临着一个挑战——中考，你对深圳中考了解吗？下面老师先给大家看看各学校近三年的录取分数线。大家看看自己目前在哪一个层次，你希望这一年往上爬几层？

如果咱们单纯从分数看，对学校可能还是不能了解清楚，当然分数越高说明学校越好。你们可以从师兄、师姐那里了解一下他们所在学校的具体情况，也看看他们的初三是怎么努力创造属于自己的奇迹的。当然师兄、师姐还会给你们提一些建议。

生1：我想了解红岭中学。

生2：我想了解深外。

师：由于时间关系，有请4位师兄、师姐做介绍。

邓××：

（从校园环境到教室、宿舍、球场，再到高考重点率，详细介绍了高级中学。）

寄语：最后跟大家说说初中毕业的感受吧，等到中考最后一科考完的时候，真的完全没有那种如释重负的感觉，会有很多的不舍，关于你的同学、老师和这个学校。到毕业的时候，我还是能很清晰地记得第一天来初中的时候是什么感觉，记得我刚开学没几天就把同桌的水杯给打碎了，站在旁边尴尬得很。你们的初中时间还很长，不管是谁都还有时间创造一个自己的奇迹。每天认认真真地跟着老师努力，让自己在中考后的暑假可以玩得痛快。至今我也因没考上深中有点小遗憾，会后悔当时自己为什么没有再努力一点。初中时间晃一晃就过去了，时间过得真的很快，希望你们能把握好每一天，为了自己的梦想去努力，和同学再好好相处一段日子。可能有一天当你下晚自习背着很重的书包回家的时候，你突然会觉得很累很累，不想努力了，但请你一定要坚持下去，等到以后你想起自己曾有一段时间真正地努力过，你的自豪会让你无论面对什么困难都充满自信。加油。

孙××：

（先对比初高中教师的不同，后又介绍了南山外国语学校的学习氛围和学校环境等。）

寄语：给大家讲讲我的故事，同学们曾称我为“偏科王”。我的理科成绩一般，数学成绩60多分。总成绩排名一直在年级名列前茅。这样的成绩只能上普高，重点高中我都不敢想。幸运的是初三的班主任是“彩虹姐”，还有各科优秀的科任老师。是“彩虹姐”和所有的老师让我创造了奇迹！每次考试只要数学没考好总分就上不去，为了提高数学成绩，我课间经常去办公室问老师没有搞懂的知识点。我的数学成绩慢慢在进步，但是一模我依然没有考好。我着急上火只有更拼了……课间除了上洗手间就是问学霸数学题。二模数学考得很好，总分和排名都进步了很多，这对我来说是个极大的鼓舞……还记得中考前“彩虹姐”为了让我化学考满分，每天放学前让我去她那里领试卷带回家做，第二天“彩虹姐”给我面批。当然其他科目的老师也对我付出了很多很多，也才有我中考的好成绩。

还有不到一年的时间，弟弟妹妹们，只要你们跟着老师的节奏努力学习，听“彩虹姐”的话，就一定能够创造奇迹！一点一点地进步，一定能考入理想的高中。只要努力就会有收获，只有付出才能收获喜悦和成功！

祝2020你们都能考上理想的高中！加油！！

陈××：

（先预见初三师弟师妹们可能出现的各种症状，然后介绍了深外有别于其他学校之处。)

学习建议：学习方法有很多，找到适合自己的最重要。（想当年，我也迷茫过。）

下课了有不懂的要逮住老师赶紧问。哪一科薄弱自己自觉点，到办公室找老师给你安排点额外的练习。（想起以前每天下午放学会刷“彩虹姐”给我布置的化学题。刷题是多么让人快乐！）

晚自习的时候一定要把作业写完，回到家可以先把当天错题和课本看一遍再做别的题。

一定不要贪玩，不要想着到周末和假期就可以出去疯了。都初三了，还有假期？还有周末？那你可真是天真烂漫。

一定要练好体育，30分很珍贵的。

讲真，初中知识真的不是很难，平时把老师讲的都消化了，做过的题都深知它的套路，中考一定没问题。

寄语：一定把目标定高那么一点点（当然，不要太不切实际），这样才会不安于现状，才会向前进步。初三是挺累、挺苦的，但和小伙伴们一起朝着自己理想的目标奋斗真的很有意义。每当你坚持不下来时，想想自己的未来、自己的理想，考上一个好的高中对一个人的人生是至关重要的。考上怎样的高中，你未来的人际圈和发展前景就是怎样的。有追求的你，一定要上最好的学校，接受最好的教育。

许××：

（对比初高中，介绍北京师范大学南山附属学校，包括高中的学习氛围跟初三学习氛围的区别。）

寄语：你们现在刚刚步入初三，可能已经感觉到初三学习的紧张了，甚至有的人已经觉得坚持不了了。但是说真的，现在上高一的我真的挺想回初三“休息休息”的。学习兴趣真的很重要！当你把学习当成爱好，就会感觉轻松很多，且学习效率也会提高。我从小到大都很喜欢历史和语文，甚至未来的职业规划也是和汉语有关的。因为一直有兴趣，所以我学起这几门科目挺轻松的，效果也挺好的。当你全身心地投入、沉浸在学习当中，你的成绩肯定会和你的努力成正比。

心里要树立目标，要对自己的未来有规划。现在的你就要想好自己中考要考哪个学校了。只有心里有明确的目标，你才能更好地为之付出努力。

步入初三适当的压力是有的，但是也要有放松的时候。每周末去公园散散步，调节一下身心，“沉淀”自己。就算一两次考试失败了，也要坚持，不要有消极的想法，要乐观积极地面对。

师：相信听了师兄、师姐的一番话你们肯定感慨万千。我尊重你们自己的选择，我也相信有的同学内心翻江倒海。此时此刻你有想法，老师给你机会，请在你的总结本子上再次明确自己的具体目标，并总结三周以来自己的学习状态，进步和退步的、你的困惑以及你需要的帮助。

生：思考修改目标高中，并加以总结。

生：师生一起唱歌《我的未来不是梦》。

【班会效果】

良好。

【班会反思】

学生在班会课后确实有了很大变化，目标明确了，我也在学生的反思和总结里看到了他们的进步。但是学生的自制力持续时间不长，需要时常鼓励、时常提醒，这是一个需要坚持的过程。这节班会课没有太多的活动，主要是希望学生们能够独立思考，静下心好好思考问题。也希望能够通过学生带动学生，打通学生心灵的通道，使他们更快地进入初三学习状态！

因为有我

深圳市福田区实验教育集团侨香学校 林晓君

【学情分析】

本班共有学生40名，男女生各20名，分为8个学习小组。学生在校期间大部分时间都需要进行小组合作，共同完成特定任务。小组每个成员每天的操行分都与整组操行分挂钩，每周要求学生总结一次并有明确的奖惩制度。但是在平时的学习生活中我发现，学生的是非观依然比较模糊，自卑和冷漠的现象也很常见，具体表现为集体荣誉感弱。学生就算知道自己违反纪律是不对的，也不认为会给大家造成多大影响，而将其当作完全的“个人行为”。但实际上，一个人的一言一行总是或多或少地影响着周围的人。作为班主任老师，作为一名引导者，我需要让学生知道，他们是大家庭里必不可少的一分子，他们的言行正悄然地改变着整体。青春期是学生身心发育的关键时期，是人生的十字路口，学生可塑性大，如果能在这期间对学生加以引导，有助于他们形成正确的世界观、人生观和价值观。

【设计理念】

如今这样一个纷繁复杂的社会，有其绚丽多姿的一面，也有其令人发指的一面。技术的进步给我们带来生活的便利，各项创新发明让我们足不出户就能尽享美好，但一不小心可能就成了不法分子唯利是图的工具。每天打开电视，不难看到一些欺诈新闻，甚至断送性命的悲惨事件。但是，这个世界必须这样吗？我们真的没办法了吗？我能够做些什么？我的力量真的能够带来影响吗?

本节班会课以“因为有我”为主题，旨在让学生体会自己的特殊性和重要性，看到更多美好的瞬间，积极发挥主观能动性，用实际行动点亮人心的“美”，从而点亮世界的“美”。

【班会目标】

知识与技能目标：学生通过活动和分享环节，体会个人主观能动性的作用。

过程与方法目标：在活动过程中提高学生的团结协作意识，培养学生的协作能力及自我表达能力。

感情态度与价值观目标：激发学生热爱生活、关爱他人、乐于奉献的精神，增强学生的自我认同感和集体荣誉感。

【班会过程】

1. 课前准备

（1）教室准备：选择在有软垫子或软地板的活动教室进行，教室中间无障碍物，学生可席地团坐。

（2）教室内有多媒体设备，至少准备两个话筒。

（3）学生游戏过程中所需的眼罩、秒表。

（4）两封信：①来自朋友的一封信；②来自父母的一封信。

（5）精美的便条纸。

2. 游戏活动导入——“抱团取暖”（学生须戴上眼罩）

游戏分两个环节，每个环节都有具体的游戏规则。

第一环节游戏规则：

学生戴上眼罩，在完全看不见的情况下准备进入游戏。老师按下秒表，计时开始后，学生可以随意走动。每当碰到别的同学，都要将他推开，直到游戏结束。游戏时间10秒。（注意：有一定危险系数，必须在软垫地板教室实施游戏。）

第二环节游戏规则：

同样在戴上眼罩完全看不见的情况下游戏。计时开始后，学生随意走动，每次碰到人，都与他肩并肩，即手搭在对方的肩膀上。游戏时间1分钟。（最终全班会围成一个大圆圈。）

老师提问：谈谈你对这个游戏的感受。（学生各抒己见。）

小结：在游戏过程中，老师感受到有些同学被推开后很难受。被推开的你们是否感觉自己被排挤？个别同学被碰撞到后甚至因疼痛而哭泣。现实也是如此，当你不接纳这个世界，将可能的美好推开时，你也在被别人推开，你会难受，你会受伤。但是如果你主动接纳对方，你主动伸出双手，你用行动去感化对方，你最终会收获“圆满”。所以如果你想世界变得更美好，就从自我做起，去创造美好和谐。

（设计意图：让学生通过游戏意识到，我们的不同行为会收获不同的结果，我们有能力去让美好发生，我们要更主动积极地去创造而不是被动地等待。）

3. 心灵感悟

讨论分享1：

在你的生命当中，哪些事情让你难受过和绝望过？先组内分享，然后小组代表发言。

（设计意图：了解学生的内心世界，引起学生共鸣：其实每个人在生活中都会遇到困难。）

过渡：老师非常明白大家的感受，其实生活并不是一帆风顺的，但正因这样的“波澜壮阔”生活才如此精彩，不是吗？像不像我们打游戏里的闯关升级？你每克服一个困难，经验就会增加，进入更美好又更具挑战的一关。美好的时刻总是更多吧？大家愿意跟老师分享你们的幸福时刻吗？

讨论分享2：

生命当中，有哪些让你刻骨铭心的幸福时刻？先组内分享，然后小组代表发言。

小结：老师很开心你们愿意与我分享快乐，听到这些美好又浪漫的瞬间真的倍感幸福。其实你们的存在本来就是一件最让人快乐的事情。你们的爸爸妈妈、你们身边的亲朋好友们的生活，都因你们而变得更精彩。你们想听听他们的心声吗？

信件发放。

课前已准备好两封信：

（1）来自学生家长的一封信，内容：该学生出生时给家庭带来的快乐。

（2）来自学生朋友的一封信，内容：该学生对写信者生活的意义以及给他们带来的快乐。

（**设计意图**：让学生更深刻地认识到自己存在的价值对于一个家庭来说是重要的，对朋友来说也是不可缺少的。）

小结：孩子们，从出生那一刻起，你就注定不可替代，你给你的家庭带来幸福，你的每一次微笑都传递着正能量，让身边的人也跟着嘴角上扬。你成长过程中的每一次成功，亲朋好友都因此欢声雀跃，而你的每一次伤心难过，他们也会感同身受，愿意为你排忧解难。所以，你天生有改变世界的力量，但是，你们选择怎么去改变这个世界呢？

4. 主题升华

（1）播放视频——公益视频“One Day——世界本该是这个样子的”。（视频网址：https：//v.qq.com/x/page/m0158d496x4.html）

（2）看完这个视频，你有什么感受？（学生各抒己见。）

（3）现在，请大家拿出发下去的信纸，谈谈你认为的世界应该是怎样的，你会为此做出什么努力。

（4）让学生将写好的信纸粘贴在教室后面的黑板上。

（**设计意图**：①学生总能在音乐视频等素材上产生情感碰撞和思想共鸣。所以在课堂最后一个环节，安排了一则公益视频作为情感升华。②让学生通过思考写下自己的体会感悟，一方面能够让他们对整节课有个大概的回顾；另一方面，落实到笔尖上，会加大他们内心的冲击力，增强课堂效果。③将写好的信贴到墙上，学生们会相互交流和讨论，在交流中有新的认识。这对他们也有提醒的效果。）

【班会反思】

1. 上课之前，班主任需要做好充足的准备，包括上课的各种材料，还有对课堂每个环节效果的预判。只有充分考虑各种可能出现的问题，才能在心里形成“应急预案”，才能够真正驾驭课堂，做到得心应手。

2. 在授课过程中，课前的游戏导入部分带有一定的危险性，所以一定要在软垫子上操作，并且学生要脱鞋穿袜。在游戏过程中学生情绪起伏较大，要做好安抚学生的心理准备。最好能够播放感染力强的背景音乐。音乐能够让学生们的情感迅速进入状态，这样学生会更容易投入其中，我们也更容易收获想要的教学效果。

3. 学生情感很细腻，处于青春期的他们常常不爱表达。所以在引起学生情感共鸣的时候，班主任可以跟学生做单独沟通，了解他们的真实感受。例如，走到学生们的小组里，参与他们的讨论；对于个别学生分享的故事，要及时提出有针对性的问题，让学生的情感能够层层被激发，从而达到课程目标。

4. 此次班会课学生热情度高，投入度高，能够高质量完成课堂中布置下去的任务，能够在活动中有所感悟。但也存在明显不足，如课堂活动环节衔接不够流畅，教师在语言组织方面也须优化，力求真正做到让学生情感一步步深入，从而引起共鸣和反思。部分男生的参与积极性需要进一步提高，可以在课后做单独沟通。

做一个懂得倾听的人

深圳市福田实验教育集团侨香学校　余佩莎

【学情分析】

班级也是一个小社会，作为社会人，我们每天都要与人交流。通过交流，我们传递着彼此的情感，碰撞出思想的火花。倾听则是表达的前提和基础，初中生思想敏感，情绪起伏较大，要想互相安慰和鼓励更有效，掌握一些倾听技巧很重要。

【设计理念】

让学生明白倾听的重要性，掌握倾听他人心声的方法，以形成良好的行为习惯，并让班级内同学关系更加融洽。

【班会目标】

1. 帮助学生认识倾听的重要性。
2. 帮助学生认识为什么我们总是学不会倾听。
3. 对学生进行倾听辅导，让学生初步学会倾听。

【班会形式】

主题班会。

【班会过程】

一、热身游戏：我说你听

1. 活动目的

打破心理防御，初步体悟倾听的重要性。

2. 活动步骤

（1）教师：下面我请同学们听一篇名为《花雨》的文章。文章中会多次出现“花朵”和“雨滴”这两个名词。每当听到“花朵”时，女同学起立，听到“雨滴”时，男同学起立。如果连续听到两个相同的名词，则站立不动；站立的同学要等另一组同学起立后方可坐下。（学生主持。）

花　雨

当花朵最需要雨滴的时候，雨滴适时而来，在我们的故乡，称此时的雨滴为“花雨”，此时的花朵为“雨花”。因为只有这个时候，花朵才最艳丽动人，雨滴才最晶莹光彩。

怎样才能描述两者“结合”的情景？我曾经苦苦思索。近期读台湾一位诗人的新作，我惊喜地发现了我所理解的诗美：花朵是雨滴的最佳归宿，雨滴是花朵最爱恋的宝贝。雨滴流进了花朵，自己充满了花的欢笑；花朵迎进了雨滴，焕发着雨滴的晶莹。雨滴感染了花朵的颜色，花朵呈现了雨滴的光泽，它们共同映见了天光，并使天光与它们的颜色结合。雨滴进入了花朵，成了花的一部分；花朵融入了雨滴，它的生命由雨滴构成。

（2）教师：大家做得很棒，我先来做个简单调查，哪些同学是做得全对的？哪些是错一到三次的？哪些是错了五次以上的？（表扬那些在活动中反应既快又准确、没有出现错误或出错最少的学生。）

同时向全做对的学生提出问题：为什么你的反应既快又准确？（全部做对的学生发言。）

（3）小结：从刚才同学的经验中我们可以看到，这个活动要做好的前提就是认真倾听。这节课我们就一起来探讨如何倾听，怎么样做一个懂得倾听的人。

二、体验活动：我说你画

1. 活动目的

通过活动，让学生思考倾听需要什么。

2. 活动步骤

（1）教师：从热身活动中我们可以看到，只要投入，倾听显得不是那么困难。那么倾听是不是真的很简单，只要专注就行了呢？下面让我们一起参加一个有趣的活动——“我说你画”。首先请同学们摊开手上的白纸，拿出笔，做好准备。

规则如下：下面的活动，大家只能听，不能说话。听懂我说的，并且将我说的画在白纸上。要求和我画的大致相同。

（2）描述结束后，学生往往画不对。教师：刚才这个活动，我看到了大家专注的神情，实在是太棒了。但是同学们，刚才我讲得非常清楚，各个指令肯定也没有说错，为什么大家都画错了？

学生会回答“理解错误，又不允许发问”。（一般都是这个反应。）

（3）教师：当老师描绘图形时，你们可能有很多问题，但是我又规定，大家不能说话，所以画出来自然就有很多偏差。可见倾听不是简单地听，它要求和对方有交流和沟通。那么如果我改变规则，允许同学提问，你们有信心画好吗？

（4）再请学生画下一个图形。结束后发现不是百分百的学生都能画对，再进行交流：同学们，我们现在改变了规则，允许交流和沟通，但是为什么还是有一些同学不能画正确呢？

（5）学生交流后进而引导，倾听中的交流和沟通要做到合理有效，无效的交流和沟通并不能达到效果。

三、最佳配对（可以增加一个“我说你撕”环节）

1. 活动目的

最佳配对的活动，让学生体会到每个人的想法是不一样的，我们不懂得倾听的原因之一就在于我们常常会把自己的经验套用到别人身上，其实我们倾听时需要做的就是认真听完对方的话并充分理解对方的话。

2. 活动步骤

（1）教师：上面这个活动，不知道大家注意到没有，在活动中还有个特殊的倾听者，那就是老师和后面讲解的同学。因为我们在讲解的同时，也是大家的倾听对象。在活动中我有一个疑惑，我认为我讲得很清楚，但是同学们，为什么大家都理解错了呢？在日常生活中，很多时候我的话别人就是不能理解，别人的意思我也常常不能体会。这到底有什么奥秘呢？下面让我们一起来参加最佳配对活动。

（2）发下材料，学生做完最佳配对后，请学生们讲讲自己的配对是怎样的？（一般可以根据时间来安排发言人数。）

（3）教师：刚才发言的同学都说得太好了，我都不知道该让谁得到最佳配对。大家说说看，谁的配对最好？或者说你认为自己的才是最好的。

（学生通过前面的铺垫，一般都能体会到，没有最佳配对，大家都是最好的，因为每个人都是不同的。）

（4）教师：通过活动，我们体会到人与人是不同的，所以每个人都有自己的想法，我们不能用自己的想法去代替别人，在倾听时我们要做到不随意地揣测对方的意思，也不增加或删减内容，或将自己的理解强加到别人身上。

四、非常视角

1. 活动目的

通过活动和视频，让学生体会好的倾听应该是怎样的。

2. 活动步骤

（1）教师：我们已经通过活动了解了很多倾听的秘诀。下面的活动中，我将考验一下大家，先请同学欣赏一档访谈类节目，在欣赏的同时，观察节目中的人物，看看他们的倾听做得怎么样。

（访谈结束后，询问学生访谈得怎么样，倾听得怎么样。）

（2）在学生发言的基础上，继续看《可凡倾听》，看看优秀的主持人是怎样倾听的。

最后引导学生认识倾听时我们要注意力集中、姿势端庄，给对方以尊重的感觉。

五、收获园

1. 活动目的

给学生提供机会思考整节课学到了什么。

2. 活动步骤

（1）请学生谈谈本节课的收获。

（2）教师寄语：良好的倾听习惯和倾听行为不是通过一节课、两节课就能养成的。它需要我们在日常生活中、在与人交往时有意识地加以运用，久而久之就会形成一种可贵的品质。最后问大家一个问题，我们人有两只眼睛，两个耳朵，两只手，两只脚，为什么只有一个嘴巴？

六、班会反思

本节班会的教学设计体现了一种自主与合作的理念，大部分内容都需要学生合作完成，既体现老师的引导作用，也发挥了学生的主体作用。在活动过程中要引导学生明白倾听的重要性，掌握倾听他人心声的方法，养成良好的行为习惯。

做更好的自己

深圳市第三高级中学 周玉莲

【学情分析】

初一学生正处于由小学生到中学生的身份转换阶段，无论情感、学习、生活都发生了重大变化。他们认知能力有所进步，但所具有的知识经验对新的初中生活而言略显不足，甚至因为角色的变化，有的学生还会出现不适应。因此如何认识自己，如何成为更好的自己，这是亟待解决的问题。

【设计理念】

坚持以学生为本、以学生为主体的理念，创设各种情境，全员参与，自主合作。

【班会目标】

紧扣学校“成长教育”的主题，对正在经历学段转变的初一学生，尤其是在与同学、老师、学校、学业的磨合过程中表现出不适应的学生，开展以“做更好的自己”为主题的班会，让学生在活动中了解、接纳、欣赏自己，正确认识每个人之间潜能的差异，掌握改正缺点、发掘潜能的方法，顺利完成从小学生到中学生的身份转变。

【班会过程】

1. 猜猜“我们是谁”

导语：同学们，你们最近都爱说你们是××小达人，那老师现在就出一个题目，你们来猜猜他们是谁？

（展示图片“我们是谁”，引导学生根据图片说出自己的答案。）

小结：“我们是谁”，对应的是一种“类”的回答，同学们在回答这个问题的过程中可以得出相同的答案，这是我们对共同身份的一种认识。那么下面，我们对游戏进行升级，把问题调整为“我是谁”。

2. 猜猜“我是谁”

导语：针对这个问题，相信每个同学都会有属于自己的答案。首先请同学们把对自己的描述写在纸上，然后我们开始“天黑请闭眼”的猜谜游戏，在大家听到指令闭上眼睛后，老师会任选一位同学，读出他的描述，其他同学请认真倾听，并猜这是谁。

（让学生回答以下问题：大家是根据什么猜测出是谁的？同学们在写的时候，会从哪些方面进行自我描述？请大家思考，你写在纸上的东西能代表全部的你吗？）

小结：我们要知道，在不同描述的背后，存在一个“真正的自我”，即一个人不同于他人的独一无二的特质，要善于发现这种独特性。同时，描述自我，不仅可以从心理和生理特征这一角度，还可以根据成长时间线分为过去、现在和未来三个部分。这样描述，自我形象会越发清晰。

3. 学会与自己相处

导语：在与他人分享的时候，我们每个人都会或多或少地隐藏起一部分自己，这部分是我们不愿意呈现的，从某种程度上讲，它可能代表着自己的那些不完美。那么，同学们，你们所隐藏的部分一定是不好的部分吗？你们可以思考2分钟，然后带着你们的答案，一起来看看纳什是怎么做的。

（播放电影《美丽心灵》片段，进一步提出相关问题，并引导学生回答，纳什自我实现的过程是一个什么样的过程？如何与自己相处？现在让你重新描述自己，你会有所更新吗？）

小结：作为个体，我们每个人都会有不完美的部分，可能是生理上的，也可能是心理上的。但是我们每个人也都是独一无二的，要善待自己，接纳自己的不完美，学会欣赏自己，这是我们人生的必修课。只有这样，我们才能做更好的自己。

4. 做更好的自己

导语：生命是发展的，我们在生命发展的过程中也会不断思考自我存在的意义，追求自我价值的实现，这一过程中，需要我们脚踏实地，做更好的自己。纳什在不断的自我斗争和他人的帮助下，终于苏醒过来，并斩获了诺贝尔经济学奖。纳什的人生经历带给我们重要的启示。做更好的自己，重点在“做”，那么下面有请同学们分享一下自己觉得很好的一些具体做法。

（学生分享展示。）

小结：“路也漫漫，遥遥其途，心向往之，虽远莫阻。”认识与发展自我，是一个需要不断探寻的命题，希望同学们在生活中学以致用，运用智慧和勇气，悦纳自我；运用毅力和魄力，激发潜能，为自己带来幸福，为他人、为社会带来福祉。

【班会效果】

良好。

【班会反思】

通过活动，检测学生自我认知与自我认可的程度，引导学生客观评价自己，并进一步学会与自己相处。通过进一步学习和分析案例，引导学生认识到行动落实的重要性，让学生互相交流与分享，掌握一些具体方法，改正不足，扬长避短，激发潜能。

诚信伴我行

深圳市第三高级中学　刘志坪

【学情分析】

本校初一年级的德育教育主题为阳光教育，诚信是其中的一个主题。

初一（4）班学生在平时生活中能够理解说真话、守承诺的必要性，能够有一定的维护真善美的自觉性，但是在具体行动上不能很好地践行，如课后抄作业，损坏了东西否认，等等。此外他们对具体情境问题的思辨判断能力有待加强。

【设计理念】

1. 用生活中的案例联系诚信主题，不仅能够使课堂活起来，还能使主题班会的主题更容易获得感知和体悟，让学生在同化中积极建构自己的图式，并促进他们今后在生活行动中反思。

2. 教育即生活，充分发挥学生在课前准备和课堂中的主体地位，包括朗读、表演和小组集思广益与探讨，使他们在班会设计中积极参与，在做中学。

3. 从厘清概念、展示正反案例到身边的事例举例与宣誓，不断强化学生诚信观念。其中，案例展示可提供给学生可信服的间接经验。

【班会目标】

通过此次班会，初一（4）班学生能够在具体语言和案例中理解诚信的含义，初步提高对具体问题的思辨判断能力，自觉维护班级的诚信氛围，抵制不良风气影响，做到对自己、对班级负责，从而离“五星阳光少年”更进一步。

【班会过程】

一、开门见山，直奔主题

师：你们觉得什么是诚信？

（教师准备：了解“文明”的定义，做到有话可说，并找出《现代汉语词典》中的含义。）

生1：言而有信。

生2：遵守承诺。

生3：借别人东西要还。

师：你们都说得很好。字典中说，诚，就是要实事求是，不扩大，不缩小；信，就是要一言九鼎，说到做到。

师：同学们都或多或少地了解了“诚信”的含义，那诚信重要吗？如果不重要，那不诚信会有什么后果？

二、知古论今，正反案例启示

1. 正面案例之读诚信故事：《立木为信》

师：我们一起看一则小故事，请一位同学读这个故事——《立木为信》。

生吴：诚信故事——《立木为信》（见附1）。

师：听了这个故事，大家有什么想法？

生4：秦国之前战争频繁，后来秦国树立了威信。

师：秦国怎么树立威信的？通过什么事？

生4：通过悬赏，即搬了木头就给赏金。

师：最后给赏金了吗？

生4：给了。后来大家觉得秦国有威信就过来了，秦国渐渐强大。

师：很好，还有其他同学有什么想法吗？

生5：这个事件让大家觉得他们很守信用，让别人对秦国人有更好的看法。

师：没错。这个事件让大家觉得以商鞅为代表的改革派一言九鼎，使得人才纷纷前来，使得百姓能够信服，为秦国的强盛打下了基础。

过渡：

师：通过这个例子大家都知道诚信很重要。那我们看一下，假设没有遵守诚信这个准则会怎么样。

2. 反面案例之小品剧：《烽火戏诸侯》

师：下面请欣赏小品剧《烽火戏诸侯》

（生表演小品。）

师：看完这部剧之后你有什么感想？

生6：人人都要讲诚信，不要戏弄别人。

生7：这个小品有点像狼来了，如果你不守诚信，最后受伤害的还是你自己。

师：唐代魏征把诚信说成是“国之大纲”，说明帝王的诚信有多么重要！不诚信对于普通人来说可能只是丧失朋友，对于君王来说可能有亡国之灾。

三、知古论今，从我做起

1. 集思广益，书写生活中的诚信例子

师：那对我们来讲应如何讲诚信呢？

教师准备：小组讨论记录卡A、B，一组选一张。

师：把你能想到的写下来，给大家3分钟时间，看哪一个小组写得多。

（学生以小组为单位书写。）

小组展示：

生8：借钱按时还，约别人出来玩要准时，答应别人事情就要做。

生9：言而有信；有借有还，再借不难；说到做到；赴约准时。

（请其他同学分类。）

过渡：

师：既然对我们来讲诚信那么重要，那我们就要从今天做起。

2. 诚信宣誓

师：请大家今天做诚信宣誓，请刘××同学领誓。

学生刘：全体起立。（全体学生宣誓。）

四、小组讨论，理智辨析

师：事实上我们都要秉承诚信的原则去待人接物。下面有两个独特的情景，如果你看到这两个情景，你会如何做呢？

师：请大家阅读情景中的内容，思考你们的做法。将小组讨论的结果和理由写在下方。

情景A：你的好朋友小明父母离异了。他只把此事告诉了你，并说不想让第三个人知道。另一好友小刚却问到了此事，你会对小刚说……

情景B：若干年后，你成了一名内科医生。一位得抑郁症的胃癌病人向作为主治医生的你询问病情，你会怎么做？

（小组内讨论。）

（全体学生讨论。）

情景A：

生10：我们组都同意保守秘密。既然他说了是隐私，要我保守秘密，我就应该这么做。

生11：我们组觉得要保守秘密。有人问到此事时，会告诉他不要再提这件事了，或说“啊？我怎么知道”，或说“不关你事”，不搭理他。总之我们都认为不能违背这个诺言。

情景B：

生12：我会告诉他实情，不然他病情恶化得更快。

生13：我会选择不告诉他。因为有人虽得癌症但心情好最终会治好。

生14：如果他得抑郁症了，不告诉他可能更坏。

生15：我会实话实说，如果我不说，病人可能都不去治疗了。

生16：我会说，但是不会说得那么严重。如果严重了可能他会选择……

五、教师总结，升华主题

师：在诚信问题上有各种复杂情况，在特定的交往情境中，需要善意的隐瞒和欺骗，这和诚信待人并不矛盾。因为诚信的本质是善，善意的谎言是诚信的特殊表现。只要我们正确理解诚信原则，与人为善、出以公心、永不自欺，我们就能拥有诚信的智慧，做一个诚信的人。

师：无论是诚实还是善意的谎言都表现了自己对美好生活的向往。如一的诚实表达了自己对互助、互谅的理想社会的追求，而善意的谎言体现了对身旁人的呵护、体谅和关爱。只要出发点是好的，没有对他人造成伤害，这两种都是可以选择的。无论做出什么样的选择，请注意尊重自己、尊重他人。

师：希望大家都能做一个诚信的、善良的人，也请大家互相监督，一起营造一个诚信、奋发向上的初一（4）班环境和诚信的校园环境。

【班会效果】

本次40分钟的主题班会是在借鉴主题班会手册、网络教案的思路与内容，结合自身教学经验与实际的基础上设计出的。

该班会内容丰富，包括朗读、小品、宣誓、情境讨论等内容。从师生活动上看，活动多彩却不繁杂，包括观看、全班行动、小组讨论、组间互动和师生间对话与互动等。这次班会层次分明，过渡自然，从“诚信”二字的含义入手，开门见山引出班会主题；紧接着导入正反两方面的历史案例直观形象地展现诚实的重要性；然后让学生在震撼之余联系身边的实际，反思自身的不足，找到自己的优秀品质，将“诚信”这一主题与生活紧紧联系起来，使“诚信”这个主题更加丰满起来；最后趁热打铁，让学生在简明但不抽象的小情景中发现自我的思想，提高自我的思维和语言表述水平，懂得倾听他人。

这次活动也锻炼了班级学生的个人能力，间接提高了班级凝聚力。吴××同学学习勤奋，但是总是不能取得令自己满意的小成就，我把朗读小故事的任务提前交给了她。她很用心，通过在大家面前有感情地朗读，增加了她的成就感。刘××同学下学期就要离开这个班级回老家学习了，由于性格耿直，有同学不太喜欢她，我想利用刘××同学领誓的这一环节，让大家共同发出一个声音，朝着一个目标迈进，也是作为班主任给她的一个道别礼物，她做得很好。小品表演的同学大部分是班里的戏剧爱好者，他们表演得很认真，中途我和他们在一起构思如何更好地表演的过程应该是本节课准备过程的一个高光时刻，很开心、很有趣。最让我欣慰的是章××同学（学生4）的积极发言与展示，他曾被许多科任老师当作课堂的捣蛋者，但是在上这节主题班会课时，他在课堂沉寂的时候主动大胆发言，声音洪亮，思想有一定见地，可以说他是这节班会课成功不可或缺的重要力量，也给了我深深的感动与震撼。

【班会反思】

在主题班会的准备过程中，可以和学生一起讨论，在集思广益中构思更切合他们自身的主题班会。本次班会应该增设学生主持、道具准备员、统筹员等，真正体现他们的主体地位。

上课过程中有一个小插曲，由于大家自愿选择位置，有许多学生中途跑到其他小组。虽然我设计了一个教学机制，用“这是诚信的表现吗”问全班同学巧妙地解决了这个问题，但我需要进一步思考应该以什么样的标准进行小组分工，以及是否应该保持各组间的“实力”平衡。

还有一点需要注意的是，在设计班会的时候，我应该想得更多，应该提前设想更多学生的回答。开放型的、情境性的活动往往是对教师个人反应能力、课前准备情况的一个重要检验。

附1：诚信故事——《立木为信》

春秋战国时，秦国的商鞅在秦孝公的支持下主持变法。当时秦国处于战争频繁、人心惶惶之际，为了树立威信、推进改革，商鞅下令在都城南门外立一根三丈长的木头，并当众许下诺言：谁能把这根木头搬到北门，赏金十两。围观的人不相信如此轻而易举的事能得到如此高的赏赐，结果没人肯出手一试。于是，商鞅将赏金提高到五十金。重赏之下必有勇夫，终于有人站出来，将木头扛到北门。商鞅立刻赏了他五十金。商鞅的这一举动，在百姓心中树立起了威信，而商鞅接下来的变法就很快在秦国推广开了。新法使秦国渐渐强盛，最终统一了中国。

开学第一课：1903，三生有幸，幸会幸会

深圳市第三高级中学　吴悦绮

【学情分析】

本班共有学生47名，男生21人，女生26人。2019年9月1日是他们踏入深圳市第三高级中学初中部的第一天，他们充满了新鲜感，充满了期待，同时也有一丝对未知的恐惧。比小学更大的校园环境于他们而言，未知；来自不同小学和成长背景的同学于他们而言，未知；看似严厉、不如小学老师熟悉的班主任于他们而言，未知。这47名学生可以说是一张白纸，因为中学与小学学习系统的螺旋迭代，可以让他们有全新的学习空间和可能；同时，他们也是一幅幅已被构建好的简单素描，因而在中学教育的过程中他们也携带着许多过去的印记。

【设计理念】

1. 破冰之旅，打破生生隔阂、生校隔阂、师生隔阂，充分体现以生为本、全员参与、“在学中做、在做中学”、实境参与、现场生成的理念。

2. 充分体现“开学第一课”主题班会的引导性、活动性、实操性。

3. 在实践中收获和感悟，引导学生通过一系列活动和观察，独立思考和相互讨论，步步深入，让学生在班会主题活动中充分认识自己身份的转变，体会中学生与小学生的区别，感受班级成员及班主任的友善态度，并对中学生活充满期待。

【班会目标】

通过本次班会，使班级成员尽快互相熟悉，形成一定的群体共识，意识到自己身份的转变，掌握一定的中学学习方法和规则意识，开始接纳自己的中学生身份，并有为之努力的决心。

【班会过程】

会前：班主任播放校歌作为背景，安静等待学生进班。学生进入班级，找到座位坐好。

校歌可让学生迅速了解学校背景、校训及其精神内核；音乐能为学生营造一种相对轻松的氛围，让他们能够缓解紧张的情绪，感受中学与小学的第一重不一样之处。

一、初次见面，幸会幸会

（1）班主任用PPT向学生展示一块拼图，拼图的四个角分别是班主任的个人信息，有三个真相和一个谎言，让学生猜哪个是谎言。

通过游戏的方式让学生快速了解自己的班主任，也用带有悬念和幽默的方式创设相对轻松的氛围，让学生“猜起来”“说起来”“活起来”。

（2）学生自己写自己的信息拼图，同样以三个真相和一个谎言的方式介绍自己，让同桌猜一猜。班主任此时在班级走动，观察学生。如学生较为害羞，及时给予鼓励和帮助。

（3）请愿意让别人猜自己的拼图的学生带着拼图用投影展示，让其他学生猜。班主任也可乘机观察班上较为活泼和交流能力较强的学生，也可以观察班上哪些学生交流意愿较低。

二、你好，我来了

本环节以各种活动的形式，让学生感受四个学会：学会做人、学会做事、学会学习、学会交往。

1. 学会做人

（1）学生4人一个小组讨论对于中学生而言，道德和知识哪个更重要。请学生读翟××学术造假的新闻，揭示道德与才能都很重要的道理。说明一个知识不全的人可以用道德去弥补，但一个道德不全的人却很难用知识去弥补，以及有德无才要误事，有才无德要坏事，德才兼备才能成大事。

（2）问题：学会做人，要学会做什么样的人？

班主任请学生针对自己的过往经历，谈谈自己可以从那些方面做一个德才兼备的人。

作为子女，可以做一个孝顺的人。

作为朋友，可以做一个诚信的人。

作为社会的一分子，可以做一个有礼貌、懂得感恩的人。

作为学生，可以做一个遵守规范的人。（此处向学生讲述“君子慎独”。）

那么，做一个遵守规范的人具体应该怎么做呢？班主任乘机普及一些必要的学生行为规范。

① 发式和服式符合中学生的要求，仪表端庄，讲究个人卫生。

② 自觉维护校园内的清洁卫生，不乱丢废弃物，不随地吐痰。

③ 任何场所不抽烟、不喝酒。

④ 不破坏公物，不践踏草坪。

⑤ 校园内要保持安静、干净、有序。

2. 学会做事

（1）确定目标

设置小游戏，每4人一小组分发一条绳子。一些小组给了行为动词和标准，要求他们测量出绳子的长度；一些组只给绳子没有告知他们具体需要做什么。

一分钟后请没有告知目标的小组谈谈活动感受，引发思考，确定目标的重要性。

（2）分清主次，专注眼前（立刻行动）

合抱之木，生于毫末；九层之台，起于累土；千里之行，始于足下。

给学生播放《徒手攀岩》预告片，让学生通过直观影像，感知设定目标，并为目标努力的重要性。

（3）三年后的我，我想对你说

学生在班主任发的信纸上写下一句或一段想对三年后的自己说的话，折叠并在朝外的纸面上写下自己的名字。班主任收集并保管，留待三年后学生中考前一个月发给学生，以作激励。

3. 学会学习

学生了解一些学习思维和逻辑，初步掌握一些学习方法。

（1）发给学生一张纸，让他们在纸上画一个圆，描述自己过去一小时（来学校前）做了什么。

（2）让学生在“时间圆”下面列一下，自己昨天（入学前一天）在家里每个时间段做了什么，如何利用时间。

学生通过对自己运用时间进行反思，会知道自己的时间运用效率，知道自己时间管理的问题所在，习得中学生学习方法的重要方面——管理时间。

（3）全班学生一起制定良好学习习惯公约，以每个小组贡献一条的形式，初步形成一定的班级共同准则。

① 不迟到，不早退，不旷课。

② 上课时要专心听讲，积极思维，独立认真完成作业。

③ 学习中要形成良好的、健康的、友好的同学间合作和竞争氛围，互帮互学，共同进步。

④ 多读健康有益的书刊，扩大知识面。不看内容不健康的书籍。自觉拒绝访问不健康的网站，提高辨别是非的能力。

⑤ 课间要文明休息，不要在教学楼道嬉戏、打闹或打球。

⑥ 自习课要保持安静，做到有老师在和无老师在一个样，养成自觉遵守纪律和独立学习的好习惯。

4. 学会交往

学会交往包含五个学会：学会尊重、学会宽容、学会倾听、学会赞美、学会表达。

（1）将班级分成5个小组，要求分别以学会尊重、学会宽容、学会倾听、学会赞美、学会表达为核心词，画思维导图。

（2）不同组之间交换各自组的思维导图。

（3）班主任辅助学生将尊重、宽容、倾听、赞美、表达制作成一张完整的思维导图，使学生对学会交往这四个字有更深刻、完整的认识。

三、我的名字，我的号码

（1）班主任按照名单点名，点学生学号后三位，如301陈××、302陈××、303崔×等。

（2）学生答301陈××到，302陈××到，303崔×到……

这样互动的形式让学生很快知道和记住自己的学号，也将增强学生对这节班会课和班级的好感。

（3）点名后，班主任说："1903全体同学都到了吗？"

学生答："都到了！"

班主任说："1903全体同学，你们好！欢迎你们来到深圳市第三高级中学，欢迎你们来到初一（3）班！幸会幸会。"

学生答："幸会幸会！"

四、1903，幸会幸会

学生拿到自己的拼图，面向4人小组，真诚地介绍自己，大家相互点头致意，说"幸会幸会"。

班会课在融洽的氛围中落下了帷幕。

【班会效果】

良好。

【班会反思】

在准备环节，班主任有较多的材料需要准备，要一一对应并放在学生的桌上，而学生进班后对这些材料的用途了解是模糊的，故需要班主任想办法加强指引。

另外，这节班会课是开学第一课，学生彼此不认识，也对自己的班主任没有任何了解，一切充满陌生感。因此最开始的氛围设置非常重要，要让学生有相对轻松的感觉，消除他们由于陌生产生的紧张感。在活动的过程中，也有很多需要学生自己说、自己做的事情，班主任在这一过程中要积极观察和巡场，及时发现学生的需要，及时施以援手。这样的破冰之旅很好地去除了部分师生、生生、生校间的隔阂，为学生今后的学习打下了良好的心理基础。